最強の思考法「抽象化する力」の講義

的場昭弘

日本実業出版社

はじめに　《世界の本質をつかむ》ために

本書は『最強の思考法』と銘打っていますが、ずばり、マニュアル本ではないということを、最初にお断りしておきます。だから本書にはどうしたら簡単に世界の本質をつかめるかなどという方法については一切書かれていません。むしろ世界の本質をつかむには、われわれは最初にどうしなければならないかという問題だけを展開しています。それはかなり大変な仕事です。逆にいえば本書は、読者のみなさんが最もやりたくない方法を伝授する本かもしれません。

目の前で起こっている事実を、抽象化し、しかも歴史の中の運動として捉え、その矛盾を見抜くなどということは、簡単なことではありません。抽象化するというのは、大学に行って勉強しても簡単に身につくものではないし、まして現実の問題を長い歴史の中において、客観的に見ようとするためには、多くの勉強をしなければなりません。

一つたとえで考えてみましょう。真実はあたかも太陽に似ているのかもしれません。恋焦がれ、近づいて抱擁しようにも、自らが溶けることを覚悟しなければ、それはできない。太陽を知るには、直接触ったり、見たりするのではなく、頭の中で抽象化し、それを思い浮かべるだけで我慢するしかない。まことにもどかしいものです。

ただ疑うというわれわれの知性だけが、この問題に鍵を与えてくれるかもしれません。今現在「そうだ」と思っているものは、間違いかもしれない。だから自分の目を疑い、対象を疑い、とことん納得がいくまで考えるしかない。そのためには、自らの精神を修養する必要もあり、対象をうまく表現するためのレトリック、すなわち表現術を身につける必要もあります。

何も読者のみなさんに、その困難に立ち向かえといっているのではありません。すでに人類の歴史の中で、おおかたそうした方法は磨き抜かれているのです。それを参照することをオススメする本だと思ってください。もっとも本書では、修辞学、弁証法、論理学といったものを、どう使うかについてよりも、なぜそうしたものが当時必要だったのかを説明しています。

私はマルクスの研究者であり、マルクスから思考法を学んできました。最強の思考法を学ぶにはマルクスを学ぶに如《し》くはなし。カール・マルクスはドイツの思想家、ジャーナリスト、革命家で、ちょうど２００年前の１８１８年に生まれたユダヤ系ヨーロッパ人ですが、彼はそれまでヨーロッパにあった最良の知的遺産を自らの知的創造に貪欲に取り込み、有名な『資本論』をものしました。

そんなマルクスですが、ソ連、東欧の社会主義国の崩壊によって、世界中の多くの人々に「マルクス主義はもう終わった」と思われてしまったのです。

ところがどっこい！　グローバリズムが席巻する今こそ、マルクスを読むべきです。マルクスこそ最強の思考法への道なのです。もっといえばマルクスの方法を知らずして、現代の問題を理解することなどできません。

その詳細については本論に譲りますが、そんなマルクスの仕事を中心として、過去の人類の遺産を思い起こし、すべてを疑ってもらうことが本書の目的です。

マルクスは長女ジェニーに対する告白帳の中で、こういう言葉を残しています。

あなたの好きなモットーは？

「すべてを疑ってかかれ」※

さあ、これからすべてを疑い、本質をつかむことにしましょう。

２０１８年２月

的場昭弘

凡例

・本文中で引用、典拠とする文献について、『本当のことを伝えない日本の新聞』（双葉社、２０１２年）とある場合の「２０１２年」は国内での発行年を示す。『職業としての学問』（１９１７年、岩波文庫）とある場合の「１９１７年」は、原典（原書）の発行年を示す。

・『共産党宣言』からの引用は拙訳『新訳　共産党宣言』を用いた。また、典拠を示した引用文でも、訳文を一部変更している場合がある。

※Ｉ・シネリニコワ、Ｏ・Ｂ・ヴォロビヨワ『マルクスの娘たち』岩上淑子訳、大月書店、１９６８年　59ページ

最強の思考法　「抽象化する力」の講義　目次

第1部

序論　何が《世界の本質をつかむ》ことを妨げているのか?

第2部

第1章　抽象化する力で世界史を読み解く

第2章　弁証法で現代世界を読み解く

第3章 レトリックで古典を読み解く

第4章 人間は何者にもなりえるが、何者にも左右されない

第5章 《世界の本質をつかむ》ためのテーゼ

装丁 志岐デザイン事務所（萩原睦）／本文DTP 一企画

第1部

序論

何が《世界の本質をつかむ》ことを妨げているのか？

《世界の本質をつかむ》――。

この言葉から察して、マルクス研究者の的場は、いったい何をやろうとしているんだと思われるかもしれませんが、けっしてそれほどおかしなことをやろうとしているのではないということを、最初に述べておきます。

現在いろいろなことが世界では起こっていますが、報道等、膨大な情報を見ても、何かしっくりと理解できない。要するに、よくわからない。この「よくわからない」ということこそ、現代に生きる私たちにとって、最大の難問かもしれません。

私たちの大先輩、２５００年前のギリシャのプラトン先生[◆1]やアリストテレス先生[◆2]の時代は牧歌的で、毎日がのどかで情報も入ってこず、「さて、今日は何をやろうか」と、ゆっくり物事を考えられる時代だったのかもしれません。とはいえ、この時代のプラトン、アリストテレスたちの書いたものを読んでみると、意外なことに本質というか、現代でも解けないような難しい問題を解いていることに気づきます。要するに、情報がたくさんあるからといって、必ずしも真理をつかんでいるわけでもないということです。私たちには、膨大な情報が日々もたらされるけれども、実は何もわかってはいない。本質をつかんでいないからです。

では、本質をつかむにはどうしたらいいのか？　いったい昔の人は、情報がない中で、どうやって物事の本質をつかんだのか？　それをここで考えてみたいと思います。

世界を完全に理解することはできない

大学に入ってきた1年生によく話すのが、人間はこの世界（物質的・現実的世界）を、実は完全につかむことはできない、ということです。すなわち、世界をただ、ものとしてつかんでも何も見えてこないということです。私たちの過去の先輩たちは、この世界の事象をそのままのものとしてつかまないで、一旦、抽象化して、概念としてつかもうとした。つまり一つの抽象モデルをつくったのです。これは有名なプラトンの「イデア」という考えなのですが、世界は、モデルを使って説明するしかない。

学生たちは、「先生、○○を教えてください」「△△とは何ですか」と知識に対する質問をよくしてくるのですが、そんなクイズのように知識を詰め込むよりも、知識を詰め込んだ後の整理のほうが大切です。これは図書館の例で考えればよくわかります。みなさんの自宅の蔵書ですが、1万冊も2万冊も本を持っている人は特殊な例を除いてまれでしょう。数十冊から百数十冊が多いと思うのですが、それだと、整理しなくともどこに何があるかはだいたい把握できる。

しかし図書館のように、100万冊、200万冊の本がある場合、整理しないと、どこに何があるのかわからない。日本では十進分類法で書籍を整理していて、社会科学は300番台、

◆1　プラトン　（紀元前427～同347）古代ギリシャの哲学者。ソクラテスの弟子、アリストテレスの師。
◆2　アリストテレス　（紀元前384～同322）古代ギリシャの哲学者。「万学の祖」と呼ばれる。

人文学は200番台、という具合に分類しています。だから、図書館の膨大な数の本の中から目当ての本が見つかる。個人の書斎では、せいぜい百数十冊だから、そんなものはなくてもいい。私たちの頭の構造というのは、こうした本を扱う図書館の構造と似ています。新聞やメディアで接する情報に関しても同じです。

現在のようにどんどんどんどん情報があふれ出てくると、自分で整理しない限り、とてもじゃないが、どこにどんな情報があるかわからない。整理するには、全体が見えていなくてはならない。これが現在の私たちの置かれた状況ではないでしょうか。

分類が必要だが、それはテクニックではない

つまり、知識をどんどん受け入れることよりも大切なこと、それが分類することです。重要なことは、分類とはテクニカルな問題ではないということです。一見、テクニカルなことのように見えるかもしれません。十進分類法は基本的にテクニカルです。「番号0」の総記から始めて、いわば機械的に並んでいる。そこに理論が介入する余地はありません。しかも、国が変われば並びも変わる。知識の分類は、そういう意味での機械的なテクニックではないのです。知識の分類は、方法論的な問題です。

本書ではテクニカルな、技術上の問題については述べません。そういう本は他にいくらでもありますから。

60年代から70年代にかけてベストセラー、ロングセラーとなった梅棹忠夫《うめさおただお》氏の◆3『知的生産の技術』（岩波新書）という本があります。研究対象について、「京大式カード」というカードを使って分析すればよいという、ある意味でのハウツウ書でした。そういうタイプの本はだいたい10年おきくらいに刊行されて、ベストセラーになったりしています。梅棹氏がテクニカルな人だというわけではありませんが、読者に説明するにはテクニカルなほうがわかりやすい。まさに機械的な話ですね。だから「カードをつくれば学問ができる」という具合に宣伝される。私もこうしたものをずいぶん読んだクチです。

梅棹氏が書いているのは、次のようなことです。カードをつくって並べておいて、それをうまくまとめれば論文ができる。その論文をいくつか集めれば本ができる。ある意味、機械のようにできてしまう。

しかし、これは梅棹先生だからできるのであって、普通の人がやってもできやしない。私もやってみましたが、無理です。その人にしかできない方法があって、それが梅棹先生の場合はカード方式だった。本書では、そういうテクニカルなことは述べません。もっと本質的な問題について、少しアカデミックな話を交えながら展開します。

◆**3　梅棹忠夫**（1920〜2010）日本の民族学者。国立民族学博物館名誉教授、京都大学名誉教授などを歴任。『知的生産の技術』（1969年）は大ベストセラーとなる。同書の他、『文明の生態史観』（中公文庫）などの民俗学的知見を核とした学際的な提言は一般読者の注目も集めた。

ここで述べようとする「方法論」は、大学に入った学生が最初に取る「ファースト・イヤーズ・セミナー」（ＦＹＳ）に該当するものといってもよいでしょう。新入生をいかに大学、学問に馴染ませるかという授業のことです。ここでも、先生によってはテクニカルなことを教えようとする。それはなぜかというと、『知的生産の技法』といった教科書を大学がつくっているからで、論文は小見出しが必要だとか、段落の最初は1字分下げるとか、そういうテクニカルなことがたくさん書いてある。そんなものは高校でやっているだろうと思うけれども、やっていない。しかし、大事なのは、テクニカルな方法ではなく、「何を学べばよいのか」という点です。それを教科書として著すのは、なかなか大変です。

そのなかなか大変なことを、ここでは述べます。

前置きはこれくらいにして、本論に入っていきましょう。

類推する力——ユーロ危機から難民問題へ

たとえば２０１５年を思い出してみましょう。この年だけでも様々なことが起こっています。その年の5月末に問題となっていたのが、ギリシャの債務危機がユーロの破綻につながる可能性があるという「ユーロ問題」◆[4]でした。それが8月になったら、状況は一変し、難民問題になった。移民問題と難民問題は明らかに違う。シリアから流れてくる難民の問題がにわかに深刻化し、8月から9月にかけてユーロ問題から難民問題にシフトしてきた。世の中とはこういうものですが、それでは、ユーロ問題と難民問題はまったくの別物なのか？　いや、この二つには深い関係があります。《世界の本質をつかむ》とはこの関係を知るということです。いったい難民たちはどこから入ってきたのか？　ギリシャから入ってきた。どうしてギリシャに入れたのか？　6月末に問題がある。

これは「類推」です。実は、こうした問題は正確に証明できません。ギリシャ危機と難民問題は関係している。何らかの取引があったのでしょうか？　どうしてトルコからギリシャに難民を入れたのか、そしてギリシャからなぜマケドニアに流れたのか。トルコから来たとすれば、それまでトルコにはどれくらいの難民がいたのか？　実は、トルコには200万人のシリアからの難民がいました。いや、もっと多かったかもしれない。それからヨルダン、レバノンには100万人ずつ難民がいました。つまり、難民問題はすでに何年も前から始まっていた。EUから借金を受け入れたギリシャが、何らかの形でトルコからの難民を受け入れざるをえなかった。

6月までの難民問題は、これとはまったく違っていました。スーダンやマリなどアフリカの地域から来た人たちが、リビア、チュニジアを通ってイタリアに入ってくるというものだったのです。それが7月に変わった。

◆4 **ユーロ問題**　ギリシャの財政破綻に関連して、ユーロ圏が崩壊するのではないかという問題。実際には、ギリシャは国内での緊縮財政と対外的な借款でこの危機を乗り切ることになった。

それはギリシャ支援のタイミングの時期であった。何か臭いなと思われます。匂います。ドイツとギリシャとの間に、何かがあったのではないかと匂う。そして難民は、基本的にはみなドイツに向かっている。なぜドイツに向かうのか？　財政問題でギリシャに厳しいドイツが、難民問題では優しいドイツに見える。厳しい金融資本のドイツと、難民に人道的立場をとるドイツ、これは奇妙な対照です。

そんな状況が進行する間に、アメリカはドイツのフォルクスワーゲンに対して、データ捏造問題で厳しく糾弾し、ドイツ経済は危機を迎える。翌２０１６年には、イギリスではＥＵ離脱派が勝利[◆5]し、アメリカではトランプが大統領になる。

他方、ロシアとアメリカ、ＥＵはウクライナ問題で緊張が続き、冷戦状態となっている。フランスとロシアはＩＳ[◆6]への軍事作戦を展開し、アメリカはシーア派[◆7]のイランに近づき、キューバとの関係[◆8]を改善する。アジアではアメリカ、日本と中国、北朝鮮の関係が悪化する。まるで、冷戦下の構造のように、世界は真っ二つに分かれ、対立を強めている。

アナロジーは「義経の八艘跳び」

ここで「類推」「アナロジー」のことをお話しします。

評論家の佐藤優氏[◆9]は次のように言っています。「大学の先生はアナロジーをしない。しかし、私たち神学を学んだ人間は、アナロジーが得意技だ」と。

アナロジーとは類推のこと。神学とは基本的には聖書を読むこと。聖書にはいろいろな読み方があって、その読み方の方法としてアナロジーがある。今ここで書かれている事実を、歴史的に遠い未来へ持っていって類推する。あるいは、違う場所で起こったことを、自分たちの地域に持ってきて類推する。アナロジーとはそういう方法です。これについては、改めてレトリック（第3章）を扱う際に説明しますが、簡単にいうと聖書解釈の一般的な方法です。

佐藤氏はウクライナとロシアの話を、尖閣諸島の話に突然飛ばして説明します。これはいわば「義経《よしつね》の八艘跳《はっそうと》び」です。こういう場合、学者からすると「僕は尖閣諸島の専門家じゃないから、そんな話はできない」と言い出す。しかし、こうした類推を行なうと何かが見える。

それがアナロジーの方法です。バラバラに起こっている事象を、一連の流れとしてつかむという知の技法です。一つひとつの起こっている事象はバラバラに見えるけれども、それを一つの筋をたどって、類推していけばよい。

たとえば、先の難民問題に関していえば、フランスが突然シリア攻撃を開始した。これも不

◆5　イギリスではEU離脱派が勝利し、その後EUからの離脱が少しずつ進んでいる。
◆6　IS　「イスラミック・ステート：イスラム国」は、ここ数年でその力を失いつつある。
◆7　シーア派　イスラム教は、マホメットの死後、シーア派とスンニ派の二つに分かれたが、イランなどの中東の東の地域にはシーア派が多い。
◆8　キューバとの関係　長年アメリカはキューバのカストロ政権に敵対的であったが、オバマ政権はキューバに接近した。しかしトランプ政権は再び敵対的になりつつある。
◆9　佐藤優　（1960〜）元外務省主任分析官。筆者との共著『復権するマルクス』角川新書、2016）などの作品がある。

思議で、あまりにも唐突だった。難民問題が起こっているときに、ドイツではなく（ドイツは憲法上難しいが）、フランスが「イスラム国」を攻撃した。さらに今度はロシアが攻撃し始めた。いったいどういうことなのか？　そして今度はロシアの飛行機が謎の墜落を遂げた。15年11月5日の時点では、イギリスが「あれはイスラム国によるテロだ」と言い出すなど、わけのわからない情報が飛び交っています。

ここで問題なのは、真実がどうであるかということより、何が全体を動かしているのか？ということです。この動きはいったいどこへ向かっているのか？　こういうことは、ただ情報を集めているだけでは、つかみどころがない。つかみどころがないところから話をアナロジーして、どう理解すればいいのかというのが、本書のテーマになります。

今の世界をどう見るか？　尖閣諸島や南沙諸島などいろいろな動きがありますが、これらがすべて一つの論理で説明できるというわけではありません。一つの論理で説ければ、これほど楽な話はありません。混乱を避けるために、一本の筋を展開しながら説明していきたいのですが、当然ながら、これには無理がある。そこでは「アナロジー」というものを使わないと整理がつかない。それでは、世界を読み解くためにどうすればよいか？

新聞、ジャーナリストの問題

最近、新聞がつまらない。何がつまらないのか？

「お前が勝手に考えているだけだろう」と言われるかもしれませんので、援軍を頼みました。ニューヨーク・タイムズ東京支局長のマーティン・ファクラーが書いた『本当のことを伝えない日本の新聞』（双葉新書、２０１２年）という本です。ここに出てくる話をすべて信じるべきではありませんが、ただ基本的な点には同意できる面があります。

私も、かつて朝日新聞で論壇時評を担当したことがあります。「今月の3点」というものを書いていました。論壇委員が全体で8人いて、それぞれが3か月に1回ずつ書く（厳密には2か月半に1回）。論壇委員になると月に10万円近くもらえます。月に1回だけ新聞社に行って、夜の11時、12時までおいしいご飯を食べて、しゃべって酒を飲んで、ハイヤーで帰ってと、これに染まると、もうやめられないという世界ですね。

では、相当な分量の記事を書いているのかって？　さて、どれだけ書いているのか？　字数がむちゃくちゃ短い。１３０字です。それなのに、どうしてそんなにいい儲けになるのか？　これは読者の購読料から出ているんですね。しかも、帰りはハイヤーで家まで送ってくれる。「先生どうぞ」なんて言われてハイヤーに乗り込むと、おれは要人だ、ＶＩＰだと勘違いが起こる。

それは記者も同じですね。記者がなぜハイヤーを使うのかといえば、事件現場に駐車場がない場合がある。機動性が必要なわけですね。そうでないとスクープが取れない。そうなるとハイヤーのほうが合理的だ。しかし、これにはいくらかかっているのか？　えらくカネがかかります。まあ記者たちは超エリート。みんなエリート大学の出身です。

ジャーナリストや学者はエリート大学出身でなければならないの？

さて、ここで一つ大いなる疑問があります。「なぜ新聞記者になるのに一流大学を出なくちゃならないの？」。

みんな勘違いしています。また「学者になるには一流大学の出身でなければならない」と思っている。学者になるのにそんな必要はないのです。何か因果関係があるのですか？「勉強できるだろう。灘《なだ》高へ入いるだろう。そうすると頭がいいだろう。頭がいいとノーベル賞をもらえるだろう」。多くの人が、こうした因果関係なき思い込みを持っている。もしこれが真実だとすると、18歳ですべてが決まるということですね。しかし、こうした偏見を知らずしらずのうちに受け入れている。

でもこう考えるかもしれません。朝日新聞の記者が三流大学を出ていたら、ウチの子に朝日新聞を読ませられない。しかし、本当にそれでいいのでしょうか？　みんな一流大学卒、しかもみんな経済学部や法学部出身であって、ジャーナリズム学科を出ているわけではない。これまた、本当は不思議なことです。

アメリカでは、記者はみんなジャーナリズム学科を出ていると、この本は語っています。さらに、新聞社の正社員として働いているわけでもない。多くはフリーで契約している。

日本では22～23歳で難しい試験を受けて、新聞社に入る。そして、地方回りをやったりする。ジャーナリストの練習をしているのですね。修行期間も給料は高い。そして、最終的に記者になる。でも、ジャーナリストである。じゃあ何を書くんだよ。提灯《ちょうちん》記事ですね。警察に行って記者クラブでネタをもらう。どの新聞も同じ。政治記者クラブでも同じ。自分でスクープを取れよといっても、スクープとはそのネタのことです。それを書かないと、次にネタを教えてもらえない。「ネタは自分で探せよ」というのが、この本の主張です。これは記者にとって恐ろしい話です。

類推もそうですが、様々な事件の裏には「こういうことがある」などと書くと、「お前、気でも狂ったのか？」「お前には政治的偏見がある」となってしまいます。しかし、そういう記事を読みたいと思わないですか？　「この記事、やばいよ！」「でも面白いな！」という記事が読みたい。これがないから日本の新聞は面白くないのです。

たとえば、私はフランスの『ル・モンド・ディプロマティック』[10]をよく読むのですが、この新聞は面白いですよ。一人の記者が書いた1本の記事が3、4頁もあって読ませます。だって1か月に1回しか出ないのですから。新聞なんて、1か月に1回出すだけでいいのではないでしょうか？　あるいは1週間に1回。朝日新聞も週刊新聞にしたらどうでしょうか？　そうす

[10]『ル・モンド・ディプロマティック』　1960年代から刊行されているフランスの独立系月刊新聞。

ると読みごたえのある記事が出てくるはずだ。分厚くていい。一人がしっかり書く。そして書くためには、記者が取材旅行で1か月中東に行って書く。「1か月帰ってこないから、よろしく」と言いたいのですが、実際には「ダメだよ、お前サラリーマンだろう。会社に来て書け」ということになります。特派員がいるといっても、一部の都市にしかいません。ロイター通信など通信会社の記事を流しているだけ。つまり、「知の切り売り」になっているだけ。クイズ番組を見て、賢くなって偉くなったと思う人がいないのと同じです。これだけたくさんクイズ番組があって、知識が切り売りされているのだから、本当は、みんな相当に知力が上がるはずでしょう？　しかし、こんな知識はガラクタにすぎない。

知力をアップするには、クイズ番組を何年見たって効果はありません。同じことは、ＢＢＣといった海外のニュースを見て英語力を上げるということにもいえます。毎日、英語番組を観ているので、英語の実力が上がったよ！　なんてことになるわけがありません。

『百科全書』とは何か？

どんどん情報が入ってくるばかりでは、消化不良を起こして、整理ができなくなる。情報に分類番号を打っていない。分類番号を打つことのほうが重要です。それをどこで学ぶのかというと、それは大学でしかないでしょう。

ところが大学に行っても、知のごった煮のような、いろんなものをただ百科事典のように集めて教えているところが多い。百科事典といえば、ディドロ[11]、ダランベール[12]の『百科全書』（桑原武夫編、岩波文庫、1971年）があります。百科全書と聞いて「彼らは百科事典をつくったのか」と思うかもしれません。しかし、『百科全書』というのはただ言葉を並べただけのものではないのです。

「アンシクロペディ」というのは、いわゆる百科事典ではないのです。エンサイクロペディア（アンシクロペディ）とは日本では「百科事典」と訳されています。『百科全書』とは何かというと、様々な知識を統括して一つの方法でまとめたものなのです。ディドロやダランベールのような啓蒙主義者たちが、自分たちの発想で言葉を取り上げ、それを提示しています。その意味で、内容的にはすっきりしています。それに関係のない語彙は入れない。そういう形でつくった本なのです。彼らの『百科全書』より前にも百科事典はありました。最も古いのは『ブリタニカ』です。これは日本でも有名ですね。

昔はよく『ブリタニカ』の販売員が家庭に販売にやって来ていました。こう説明するのです。「お宅のお子さんは何歳？　そろそろ大学受験ですか？　いいものがあります。『ブリタニカ』です。やっぱり英語を勉強するには『ブリタニカ』を勉強しなくちゃいけない」と。あの時代ですから多くの人が買ったのではないかと思いますが、『ブリタニカ』英語版を買って、いっ

◆11 **ディドロ**　（1713～84）フランスの哲学者。
◆12 **ダランベール**　（1717～1783）フランスの哲学者。

たいどうしたのでしょうか？　『平凡社百科事典』も同様です。「平凡社の百科事典を持っているお宅のお子さんは頭がよくなりますよ！」と。しかし、そういうものではない。アイウエオのアから順に、片っ端から読んで覚えていけば知識になるのか？　結局、クイズ番組の設問に出るような知識だけが身につく。

　ディドロ、ダランベールの『百科全書』には、まず学問の系統図が書いてあります。あらゆる学問をすべて系統づけて知の体系を提示することで、著者たちは世界に対するある見方を示したのです。さすがフランス人。ＡＢＣ順に並べてあっても、実質的にはそれが系統づけられている。ディドロとダランベールの『百科全書』の後には、『アンシクロペディ・メトディーク』が出されている。メトディークとは方法論で、『百科全書』があまりにも売れて評判だったので、それにあやかったのかもしれません。方法論的百科事典。これは学問の体系を打ち出した後、各分野別に商業、工業と分類したもので、１００冊を超える膨大なものになっています。『百科全書』といっても、単語がただ並んでいるのではなくて、方法的に分類されている。こういうやり方がアンシクロペディーで、私たち日本人は『百科全書』はいわば電話帳のようなものだ思っていますが、本当はそうではないということなのです。

一つの視点ですべてを読み込む努力

元・外務省の孫崎享《まごさきうける》氏◆13の『戦後史の正体』（創元社、２０１２年）という書物があります。

これが面白いのは、一つの視点がしっかりしているということです。つまり、戦後70年間に起こった事件を一つの発想から切っている。もちろん、これは確かに無理があります。しかし、ストレートにわかる。これを読むと、バラバラのものが一つの流れとしてつかめる。

たとえば、岸信介[14]、安倍晋三、それから田中角栄[15]が一本の線上に並べられる。こういう並べ方に、私は興味があります。孫崎さんは、そういう意味で非常に勘のいい人であると思います。なぜなら個別の知識をただ並べるのではなくて、一つの視点で整理し、全体を統一している。これは当たり前といえば当たり前だが、しかし、この当たり前がなかなかできない。

ただし、こういう方法はやり方次第です。たとえば、マルクス主義の一つの理解に「史的唯物論（唯物史観）」という方法がある。これはまるで機械のように、その中に何かを入れるとすべてきちんと説明がつくというようなものとして理解されてきました。確かに、こうした史的唯物論のように物事が進めば、人間がその時々に歴史に深く関わっていることは見えてこない。しかし、人間の歴史の難しさは、そうはうまくいかない点にある。一つの方法だけですべてを切ると大変なことになる。

とはいえ、一つの方法で切るというやり方は、ある内容を明確に理解するには必要です。も

◆13 **孫崎享**（1943〜）元外交官。
◆14 **岸信介**（1896〜1987）。元首相で、安倍晋三首相の祖父。
◆15 **田中角栄**（1918〜1993）。元首相。

ちろん、それをすべてに応用すると、テクニック、技術になり、結局は機能しなくなるので注意が必要です。

ここで言わんとしていることは、こういうことです。一見、矛盾するのですが、まずは問題をストレートに一つの視点でまとめるべきだということ。しかし、それを単純に機械のように現実に当てはめてはいけないということ。この二つには大きな差があります。つまり、理論として出てくる問題と、現実の問題との間には、必ず大きな隔たりがあるのです。だから、理論をそのままテクニックに転用すると、機械主義になります。ここに何にでも使える機械があって、これに入れてしまえば、どんなことでも全部できる。そういう機械も方法もありえない。だけれども、理論の装置としては重要な意味を持つ。

大学という知の場の変容

さあ、それで本題に入ります。のっけから難しい話になります。しかし、その難しい話をしておかなければならない。

私どもは大学にいて、最近いろんな要請を受けています。文部科学省（文科省）から「もう文科系学問は要らないよ」などと言われています。日本は理系の大学だけでよい。世界の大学ランキングに文系は入っていないじゃないか、と。

文系がランクインしないのは当たり前です。われわれ文系の学者は、英語で論文を書きませんから。英語で本を書きません。「先生遅れている！」などと思わないでください。われわれは、英語で学問を教えることができないわけじゃありません。一応、勉強していますから。ただ、英語で書くと表現力、レトリックが拙い。他人を唸らせるような文章を書けない。日本語なら、まだできる。だから、日本語で唸らせたい。そして唸らせるような論文ができたら、外国人で日本語のできる英語ネイティブに、レトリックを使って翻訳させればよい。これが一番いい。

私たちが英語で論文を書いたら、おそらく機械的な、無機質な文章になります。その点、理系の場合はまだいいのです。機械的に伝えることでもわかるからです。しかし、文系はまず、レトリックが必要です。話の持っていき方。それから表現の仕方。これがわれわれ日本人の場合、英語ではできないので、当然ながら英語で論文や本が書けないというわけです。もっとも、英語で論文を書いている日本人はたくさんいるし、海外向けの論文も多々ありますが、それがどれだけ評価されるかは別問題です。

英語の論文の点数というのは、ランキングの評価対象になりますので、増えれば大学のランキングが上がる。「先生、神奈川大学の評価を上げるために英語で書いてください」と言われて、英語で論文を書くと、突然、東京大学の次に神奈川大学がランキングされる。経済学や他の学部の先生が、みんな英語で書けばですが。

しかし、それを誰が読むのか？　英語で書いたというだけのことです。書いたが読まれない。そうなるでしょう。しかし、文科省がそういうことをやれと、どんどん言ってくるのです。

それからもう一つ、「最近の学生はレベルが下がった」とよく言われますが、私はそうは思いません。知識の量が低下していることは認めますが、それが学力の低下といえるかどうか？知識の量が下がったのはしょうがない。

こういう事態が起こっているのは、ある意味で大学大衆化の当然の帰結なのです。今、大学教員は中学、高校の総復習をして、学生に基本的な知識を埋め込んでくれと要請されています。無理やりでも、雑多な知識を埋め込んでくれと。まさに百科事典をつくるわけですね。

そんなことを大学がやったらどうなるか。個々の知識はそれぞれバラバラにはわかるけれども、全体としては何なのか、ということがわからない人間をつくることになります。このような事態が、20世紀後半から21世紀にかけて起こってきたというのは、大学の大衆化の結果でしょう。それは後ほど引用するマックス・ウェーバー[◆16]の『職業としての学問』（1917年、岩波文庫）で、すでにアメリカの大学のこととして書かれています。

ウェーバーの本を読むときに注意しなくてはいけないのは、ウェーバーは半分逆説的に書いているということです。彼が書いていることを、字義通りに受け取ってはいけない。彼は自戒しながら書いている。当時、ドイツの大学には、まだまだ中世の大学の残滓《ざんし》があった。しかしアメリカでは、大学の教員はある特定の専門教育を担うのであり、専門家としてだけ振る舞えばよかった。だから、専門以外を教える必要はない。日本の大学の教員は今まさにそうなりつつある。なりつつあるから、そのまま放置すればよいとウェーバーは言っているのではないのです。

21世紀の現在、アメリカの大学が世界を牛耳っています。これらは非常にプラクティカルな大学です。ある専門の教員は、その特定の専門分野において免状を持っているのであって、「人生とは何か？」や「知性とは何か？」「学問とは何か？」ということを教えることはない。あくまでも餅は餅屋、餅についてだけ教えろ。餅屋は食物一般について語るな。餅以外の他の話をしたら「アウト！」です。そうなってきているのが、アメリカの大学なのです。そうなると、彼らはテクニカルに教えなくてはならないから、学生たちに餅のことばかり教える。次に、別の教員は餡子《あんこ》のことばっかり教える。こういうのが7工程、8工程あると、餅、餡子、お米……とたくさん覚えたけれども、「いったい何をやってるんだ？」と学生は悩む。しかし、それでいいというわけです。

昔の大学を見てみよう

なぜこうなったのか？　大学は中世まではエリートのものだったし、近代初期に至ってもエリートだけのものだった。それが大衆化して、多くの人が大学へ行けるようになるためには、マスプロ教育が必要になる。大教室による画一的な講義システム、効率的な評価方法ですね。結果的にそうなった。それが目標なのではなくて、結果だった。つまり、多くの人を教えるの

◆**16 マックス・ウェーバー**（1864～1920）ドイツの社会学者、政治学者。主著に『プロテスタンティズムの倫理と資本主義の精神』がある。

であれば教員の数が足りない。いい教員も少なくなる。そうなると、それを誤魔化すために、こうした専門的なものに特化した技術的教育になっていった。ノスタルジーかもしれないが、本来、教育、大学というものは、そういうものではなかったということは覚えておいたほうがよいということです。

大学本来の姿を振り返るために、まず中世の大学を見てみましょう。

中世には「七学（三学＋四科）」というものがあった。これを現在に当てはめると、大学1、2年生の「一般教育」になるでしょうが、後で見るように、その中身はずいぶん異なります。とはいえ、この七学と現代の一般教育に関しては、同じような重要性を指摘できます。

私も大学に入ったときに、「何だパンキョーか」（一般教育のこと）と言っていた。「一般教育なんて要らない！　早く専門を教えてくれ」。私もそう言っていた一人ですが、しかし後から考えてみて「パンキョーは重要だ」とわかってきたのです。が、後悔先に立たずです。

読解力と表現力を学ぶ「三学」

七学のうちの「三学」。「こんなものを覚えてどうするんだ？」と言われるかもしれませんが、大学に入ったら、当時は三学——論理学、修辞学、文法学を学ぶことになっていました。「えぇ〜っ！　どうして？」と思うかもしれません。三学とは、私たちがある物事を研究し、その成果を示すための読解力と表現力を養う方法のことです。

表現力がない人がいたとしましょう。その人は論文を書けますか？　書けるわけがない。表現力がなければ書けない。表現力とは、伝えたいことをただ言うだけというような簡単なものではない。だから、噺家や池上彰氏[17]が存在する。池上さんが話せば、それはさすがと思いますよね。これを俺だってできると思っちゃだめなのです。ここに一つの、表現というものの意味がある。

さあ、それをどこで学ぶか？　論理学、修辞学、文法学は基礎的な学問だけれど、これを私たちは、小中学校で英・数・国・社・理というカリキュラムで学ぶ。何で現実のことを教えてくれないの？　もう少し人生とは何かを教えてくれ、とか言いながらもやらされている。また英語かよ？　国語かよ？　国語はつまんない。芥川龍之介[18]はつまんない、何で村上春樹[19]をやらないんだよ、とか言いながらもやっている。ここでやらされている基礎的な訓練というものが、実は非常に重要で、たとえば理系に入って論文を書くにしても、文系で論文を書くにしても、あるいは会社に入って報告書や提案書を書いたり、何かを表現するにしても、重要な要素になります。

中学受験の経験者が、日能研（学習塾）あたりで勉強した四字熟語について、こういうこと

◆17 **池上彰**（1950〜）テレビで様々な問題を明快に解説する名評論家。
◆18 **芥川龍之介**（1892〜1927）「芋粥」「藪の中」「地獄変」などで知られる作家。
◆19 **村上春樹**（1949〜）現代日本を代表する人気作家で、海外でも多くの読者を持つ。

がいえます。

「今から四字熟語について質問します。〝因果応報〟ってわかる？」。日能研に行った者、中学受験を経験した生徒はわかります。そうでない連中（中学受験を経験していない）に聞きますと、「わかりません」と返ってくる。やっていないのだから。しかし、本来、四字熟語は試験のためのものではありません。

何のためにやっているのかというと、あることを表現するときに、四字熟語で言えばスパッと表現できるから。これが「教養」というものです。われわれ、文系の物書きをする人間にとっては命です。これができないと、どうなるか？

私は田舎者で、地方の公立中学を出ています。当時田舎には塾なんてなかったし、そもそも私立中学もなかった。だから、そういう勉強をやっていなかったので、高校で勉強した。そういう知識は必要なのです。

こういう知識を中世では「三学」として叩き込むということです。

四科とは――なぜ音楽が？

次に残りの「四科」。これはやや応用になってきますが、それでもまだまだ一般的です。「代数、幾何学、天文学、音楽」。何で音楽なの？

イギリスやフランスでは、ラグビーはインテリのスポーツで、何かあると取りあえずラグビーの話になります。オックスフォード、ケンブリッジではラグビーとレガッタですね。たんなるスポーツですが、これは重要ですよ。音楽も同様です。こういうものがあって初めて、人間の社会は成り立っているわけです。

日本では、こういうものを抜きにして、ひたすら試験科目の勉強を頑張る。目標は合格、英・数・国だけでいいと考えてしまう。

だから「フランス革命とは？」と問うと、学生の多くがこう答えます。「知りません」。世界史はやったの？「やっておりません。だって、受験で世界史を取らなかったから」。授業でやっただろう！「授業ではやりました」。授業でやったことは、「やったこと」ではないのです。試験科目だけが、勉強した科目になるのです。こんなふうになっているのが、現代の教育のおかれた問題です。

さあそれで、「私たちの知識とはいったい何なのか？」と考えてみます。これから取り上げるのは有名な本です。古典中の古典です。

真実とは何かに迫るインゲニウム――ヴィーコ

日本ではあまり有名ではありませんが、大変重要な人物、ジャンバティスタ・ヴィーコ[20]の『学

◆20 ジャンバティスタ・ヴィーコ（1668〜1744）。18世紀の学問論に多大な影響を与えた哲学者。

問の方法』(1709年、岩波文庫)という本です。

ヴィーコは修辞学、レトリックの先生でした。こんな先生が学長だといいですね。ヴィーコ先生はナポリ大学の新入生への挨拶を毎年やっていました。ナポリ大学ではレトリックの先生が挨拶をすることになっていた。その挨拶が本書『学問の方法』なのです。

彼は、こう言うわけです。「私たちは真実を求めているけれども、〝真実らしいもの〟を求めるだけでいいんだ。真実なんてない。真実らしいものを求めるにはどうしたらいいか?」。私たちがつかんだ知識は真実なんかではない。真実にとても至らないものです。それら真実に至らない知識を集めて、真実を見つけることは当然できません。真実らしいものしか見つからない。

真実は、それをつくった者にしかわからない。つまり、人間はこの世界をつくっていないから真実に至らない。「この世界をつくったのが神であれば、真実を知る者は神である」ということです。つくった当人はどうやってできているかわかります。料理みたいなものです。たとえば、家でご飯を食べているとき、この料理にはひょっとして毒が入っていないかと疑うとしましょう。ただ食べているだけではわかりません。自分でつくったことがあればわかりますよね。いつもの味と違うということに気づく。そういうことです。神は世界をつくったから、全部知っているのです。私たち人間はつくっていないからわからず、想像するだけです。

人間の認識なんて、おおかたその程度のものです。だから、われわれは真実をつかむといって一所懸命になるよりも、「真実らしいもの」をつかむよう努力すべきである。「らしいもの」をつかむということが「想像する」ということです。つまり、想像力をたくましくして、真摯《しんし》に対象に迫っていく。でも、想像力はえてして間違うものです。だから、日本の大学では「○○がわかる人いる？」と問うと、誰も答えようとしない。最初から間違いを怖がる教育を受けているから、答えない。間違えたら日本の場合、後からコテンパンにやられますから。日本では間違いはあってはいけないものなのです。

しかし、本当は間違えたほうがいい。間違えることは、想像力をたくましくすることです。想像力を働かせていると早とちりをする。しかし、早とちりしている間は、頭が回転している。言い方を換えれば、ある答えに迫った間違いを犯すことが、想像力を働かせることなのです。想像力をたくましくすれば、アナロジーを展開できる。

こういう働きをヴィーコは「インゲニウム」と言った。インゲニウムとは、バラバラのものを一本に括ることです。これは「才能」なのです。インゲニウムとは、本来の才能のことを言います。つまり、私たちが天才とか、才能と呼んでいるものは、どれだけの知識を頭の中に入れているかではなく、まったくどう見たってつながらないものをグッとつなげていく力のことをいうのです。これが本当の勉強ができる子。そういう子を今の試験は見つけていないのです！

日本の試験制度の悩み

日本の場合は朝令暮改で、文科省がしばしば教育改革を連呼して試験制度をコロコロと変えていく。比較になるかどうかはわからないですが、フランスの場合、バカロレア[21]という大学入学制度は、ナポレオンの時代につくられたもので、その制度内容はずっと変わっていない。200年以上も続いているなんて「どうかしている」と思うでしょう。最近フランスはノーベル賞受賞者もあまり出していない。それはこの制度の結果か？　もうバカロレアなんてものは止めて、アメリカ的な入試制度を導入しようという議論もあります。しかし、止めない。

毎年、最初の試験は、月曜日にある哲学です。これを全員が受験します。4時間かかって1問か2問の問題を解く。これでその人の才能を見抜くというのがフランス人の発想なのです。これは、なるほど悪くはない。

欧米の大学の学年末試験では、筆記試験の後に一人ひとり面接をやったりします。これでカンニングがバレます。「〇〇とは何か？」と面接で質問すると、「……」。沈黙するしかありません。「これ、自分で書いたんじゃないだろう？」「はい……」。

とにかく、自分のものとして表現する力を養う。そうすると5年、10年経っても覚えている。昨日に丸覚えしたことは、今日は忘れている。自分で考えることが必要な証拠です。

だから、試験後に面接をすることが必要なのですね。私も大学の試験で面接を導入したいのですが、私の「社会思想史」の講義は全部で600人が受講します。600人の一人ひとりを面接すれば、どうなるか？　時間をかけてやってもいいのですが、多分学生が来ないでしょう。「面接がある科目は取らない」となります。また、信じられない話ですが、客観的問題と称して、大学で知識のまる覚えを確かめるマークシート試験をやっている先生もたくさんいます。

考えさせる試験問題

フランスのバカロレアの試験はいい問題を出題しています。そのポイントは、バラバラのものを統一するということです。たとえば、「人間が生きる目的は何か？　金儲けという目的は人間の幸せとイコールであるかどうかについて記せ」などという問題です。こうした問題に答えるためには、様々な知識を総動員して一本にまとめるだけの力がいる。「デカルトの『方法序説』について記せ」という問題であれば、その書物の内容を披歴する知識だけでもできますが、そうじゃない。「生きるとは何か？」について、デカルト[22]の文章を引用し、それから金儲けという人生の悲哀というものと併せて考えなければならない。こういう意味でのインゲニウム（才能）が必要です。

◆21 バカロレア　フランスの国家学位の一つ。中等普通教育の修了資格証明であり、同時に大学入学資格証明にもなる。
◆22 デカルト　ルネ・デカルト（1596〜1650）フランス生まれの哲学者・数学者。『方法序説』には有名な「我思う、ゆえに我あり」という哲学第一原理が出てくる。

「知識と賢慮は意味が違う」。インゲニウムというのは賢慮のほうです。つまり「知識において秀でている人というのは、自然の数多くある現象がそこに引き戻される原因を研究する人々」、つまり一所懸命に真理を見つけようとしている人々のことで、それは知識ではなく賢慮を持っている人々のことです。「ある一つの行為のできるだけ数多くの原因を探り出して、どれが本当のようにもっともらしいか」[23]を見つけることです。どれが本当かわからないけど、取りあえず取り出してみようという人です。

知識と賢慮の二つは同じように見えますが、ずいぶんと違います。つまり、「これしかないんだ、それ以外に答えはないんだ」というように物事を考えるのではなく、たくさんある事象の中から、「ああでもない、こうでもない」といろいろな組み合わせを模索し、そこから真実らしいものを求めるのが賢慮です。つまり、知識をふんわりともっともらしいかたちで求めること。柔らかい真実を求めるということです。

なぜ真実は捕まえられないのか――四つのイドラ

次に、私たち日本人がなぜインゲニウムに至らないかの阻害要因を考えてみましょう。

17世紀のイギリスの哲学者フランシス・ベーコン[24]の『ノヴム・オルガノム（新機関）』（1620年、岩波文庫）という学問の方法について書かれている本があります。物事を考えるために重要な書物です。そこには有名な「四つのイドラ」が登場します。

イドラとは、偶像や虚偽、つまり本当ではないものを頭の中で幻想していることをいいます。真実にたどり着こうとすると、それを阻害する様々な誘惑があります。この誘惑を簡単に取り除くことはできないのです。その誘惑には四つあります。みなさんもこの四つのイドラに苛《さいな》まれます。

①劇場のイドラ

まずは「劇場のイドラ」です。これは、「東京大学の先生が『こうだ』と言っていたから、間違いなく正しいよ！」といった類のものです。

過日、家内が言っていました。「コーヒーを飲むとガンにならない」。誰が言ったんだ？　と聞くと、「さっきテレビで言っていた」と応えるのです。すごいですね、テレビの力って。テレビというのは真理をのたまう機関だと思われていますから。だいたいテレビ番組は専門家の話を聞いて制作している。それをテレビのタレントがうまく話す。

『しくじり先生』というテレビ番組で「マルクス」を取り上げたときのことです。これはオリエンタルラジオの中田敦彦君が解説をやっていました。マルクスの事実関係や用語などで間違いがないかチェックしたのは、実は私なのです。しかし、視聴者にはそれはわからない（テ

◆23 ヴィーコ『新しい学1・2・3』上村忠男訳、法政大学出版局、2007～08年
◆24 **フランシス・ベーコン**（1561～1626）ルネサンス期のイギリスの哲学者。「知は力なり」が有名。

ロップには小さく出ているのですが）。

「中田君って頭いいねえ！　さすがだ！」と視聴者は思います。しかし、問題もある。「視聴率を考えるとこんな具合に変更したいのですが、これでいいですか？」と番組の制作サイドから問われる。本当は正しくないんですが、そのようにいえないこともない。そんなものだから、テレビなんて信じないでください。これが「劇場のイドラ」です。

②種族のイドラ

次に「種族のイドラ」とは何かというと、人間の知性の中に潜む感覚の誤謬《ごびゅう》。われわれは地球から太陽と月を見て、太陽が大きいので、太陽のほうが月より近いと思ってしまう。人間の目の錯覚です。人間の感覚というものは、実は真理を知るための器官ではない。われわれの感覚では真理に到達できない。だけど、この感覚を脱することもできない。「俺、見たよ」と言って、一番誤解を生じるのは人相書き。３億円強盗◆25の犯人はこういう顔だと、目撃者が言うと、それに惑わされる。しかし、実際は似ても似つかぬもの。人間はそういう過ちを犯す。人間はみなそうなのです。だから、どうやって感覚の壁を超えるか。これは簡単には超えられません。だからこそ、みんな人間をやっているのです。

③市場のイドラ

次に「市場のイドラ」。これは社会の中で語られる権威による誤謬です。これは先ほどの学問の権威（劇場のイドラ）とは少し違う。「みんながこう言っているよ。そんなことを言っているのはお前だけだぜ」という暗黙のプレッシャーから来るものです。

経験があるでしょう。周りのみんながシラっとする。でも、絶対自分のほうが正しいんだけど、それを口にすると周りがシラけてしまう。だから、みんなに従っておかないと、後から何をされるかわからない。まあ、自己主張は止めておこう。今の新聞記者のようなものです。「この記事だけ浮いているな、じゃあ浮かない程度に適当に書いておこう」。こういう社会の中で語られる権威によるわれわれの誤謬のことをいいます。

④洞窟のイドラ

それからもう一つは、有名なプラトンの『国家』の中に出てくる「洞窟のイドラ」です。私たち人間の身体というのは、どうしても不完全です。平均的にはまあまあだが、走れば犬より遅い。跳んでみたら垂直跳びで60センチも跳んだら「すごい」と言われる。でも他の動物なんてもっと跳べる。カンガルーなんてボンボン跳ぶ。じゃあ腕力は？　ゴリラと比べてごらんなさい。人間はいったい何が得意なのか？　われわれの能力なんて、この程度のものです。

こうした人間は真理をどうやってつかもうとしているかというと、ちょうどまるで洞窟の中に入って、背中を外に向けて洞窟の奥を見ているような状態で世界を捉えようとしている者に似ている。外から光が入ってきます。われわれが見ているのは、全部その影にすぎない。後ろを振り向くことはできない。影を見ながら「本物は何だ？」と問うている。われわれは影を見

◆25 **3億円強盗**　1968年に発生した3億円強奪事件のこと。

ているにすぎないのであって、絶対に真理そのものを見ることができない。影を類推するだけでは、どうしても真理に迫ることはできないという誤謬があるのです。

哲学者の偏見とさかしらな民衆が進歩を阻害する

これをどう突破するかは簡単なことではない。それを、コンドルセ[26]という人物が述べています。昔の人も悩んでいた。フランス革命に参加し、ロベスピエール[27]によって投獄され、自殺したのがコンドルセです。

彼の著書『人間精神進歩史』（1795年、岩波文庫）の中で、私たち人間にはどうしても進歩を阻むものがあって、それは、知ったふうなことをいう哲学者たちの偏見だと書いています。これを真に受けてしまう。それから、民衆のほうも知ったかぶりなんです。「そんなこと言ったって、現実ではそうはいかないのだよ」と。「現実にはこれが真実なんだよ」と言って、現実のほうがあたかも真実のように見える。現実とは真実ではない。真実と現実は違う。逆に言えば、真実が現実になっていない。当然ながら、次にそれぞれの分野における力のある人（専門家）の意見が偏見を生む。これを脱するためにどうすればよいか？

直感を超える直観

ベーコンとほぼ同じ時代、『知性改善論』（1677年、岩波文庫）を書いたスピノザ[28]という哲学者がいました。

彼はこう言っています。「直感よりも理性によるほうが、真実であると一般には思われているが、しかしそうではないと」。なるほど、普通のレベルではそれが正しいでしょう。つまり、人間が合理的な精神で納得できるものが真実のように見える。しかし、これはたんに人間の理性に合致した真理というだけです。本当の真理は、直感通りを反映していなければ現実のものではない。だから、直感が理性による考察を終えた後、直感で感じていたものを含む真実にならねばならない。

つまり、思いつきだけでもなく、理論だけでもなく、あるものを飛び超えて見る直観（「感」ではないことに注意！）が必要だということです。それが「本当のものを見抜く力」です。理性を通り抜けて、理性による知識だけでは見えないもの、その奥の中に感覚的に感じられるような何かを見出す、そうした力が必要である。それこそが真実であるということです。意外に最初に思ったことが真実である場合がある。昔の人たちは物事をよく見ていたのですね。

◆**26 コンドルセ**　ニコラ・ド・コンドルセ（1743〜94）フランスの哲学者、数学者。
◆**27 ロベスピエール**　マクシミリアン・ロベスピエール（1758〜94）フランス革命時代の政治家、法律家。
◆**28 スピノザ**　バルーフ・デ・スピノザ（1632〜77）オランダの哲学者。主著に『エチカ』（1677年、岩波文庫）がある。

学長は「学問とは何か?」を講じなければならない

さあ、それでジョン・スチュアート・ミル先生[29]のスコットランドのセント・アンドルーズ大学の総長としての演説『大学教育について』（1867年、岩波文庫）を見てみましょう。この中で新入生たちに最初に何を教えたらいいかを論じています。それが実は現在の大学に欠けていることを言い当てています。入ってきた学生が「学問とは何か?」「大学とは何か?」について知る機会がまったくないということです。それを教える役割を担っていたのが、昔は学長の挨拶だったのです。

しかし、まず「学長とは何者か?」「現在、学長はどう選ばれているか?」が問われなければならない。

学長選挙というのは、金が飛び交うとはいいませんが、各学部の利害が交錯していて、誰を選ぶかよりも、誰を選べば一番文句が出ないかが重要になっています。そうなると学長が「学問とは何か?」など語れるわけがないだろうとなります。学問をやっていたら学長になれないわけですからね。だって忙しいのですから。朝から晩まで関係者に電話をかけまくり、「おい、何票いただいた?」「あいつを副学長にすれば何票いただける?」とか、何とかやっているわけです。これでは、「学問とは何か?」なんて話せはしないでしょう。

昔はよかったな! 大河内一男《おおこうちかずお》[30]! 南原 繁《なんばらしげる》[31]! あの頃はよかった。福澤諭吉[32]の時代も思い出されますが、そんなものは、たんなるノスタルジーだと思われるかもしれません。しかし、学長が新入学生に「学問とは何か？」を述べることは、大学本来の存在意義に関わります。

それをやっていないから、「私たちはお金を払っているんだから、お客さんです。先生、サービスしてください」となるのです。おい、肩でももめというのか？　先生は先生で「みなさんいらっしゃいませ！　いくらでもサービスしますよ」。ここはホテルかよ？　現在の大学はこうなっているといっても過言ではありません。

大学はサービス産業ではない

この問題はなかなか厄介です。今では学生の注文が多いのです。それを真に受けて、最近大学は学生への相談サービスをやり始めています。成績についての合同相談会を設けたりするのですね。山のように来ます。自分の不勉強を棚に上げて、「何で俺を落としたんだよ？」と凄む者もいる。ギブ・アンド・テイク、「お金を払ったんだから単位をよこせ」と言うのです。

また、「先生、この前レポートを提出しましたよ。なのにどうして合格点をくれないのです

◆29 **ジョン・スチュアート・ミル**（1806～73）イギリスの哲学者。
◆30 **大河内一男**（1905～84）社会政策学者。東京大学総長などを歴任。「太った豚よりやせたソクラテスになれ」という卒業式の訓示が伝説化している。
◆31 **南原繁**（1899～1974）政治学者。戦後、東京帝国大学総長を務める。
◆32 **福澤諭吉**（1835～1901）幕末、明治期の啓蒙思想家。慶應義塾の創始者。

か？」「先生の本を買ったんだよ。だから単位くれよ！」とくる。あれ？　俺は単位を売ったか？　真面目な話ですよ。「レポートは試験であり、レポートを出したからといって単位をもらえるとは限りません」と繰り返し言っています。学生はレポートを出しさえすれば、単位はいただきと考えていますから。

それからこんなものもある。「僕は講義に全部出席しました。どうして単位をくれないんですか？」。まあ、忍耐は認める。雨の日も風の日も……。しかし、本当に出席していたか？　出席しているのなら、発言するとか、質問するとかすればいいんですね。じっと座っていただけです。スマホでゲーム？　いたのですよ、確かに教室にいたんだが、それなら机に単位を与えたほうがいい。

実をいえば、学生と教員との関係は「サービス関係」ではありません。国は大学を「教育サービス産業」に分類していますが、教育はサービス産業ではありません（最近の職業分類で、大学教員は会社員になっている。これいかに？）。大学教員は学生を指導する立場であるから、学生に厳しく接することもある。それに対して、学生は先生を尊敬しなさい。当然先生も学生の面倒をしっかりとみる——そういう関係を築き上げなければなりません。

教養の意味——哲学がないと学問が崩壊する

そこでジョン・スチュアート・ミルを読むとその意味がわかる。

われわれは小中高とたくさんのことを勉強してきました。さらに、その上の大学では何を学ぶのか？　大学で学ぶのは体系化です。知性がどのように結びついているのかを知る。もちろん、現代の世界は複雑です。とはいえ、体系化できないほど複雑になってしまったのだとすれば、これまでの人類の英知は無意味だということになる。しかし、それなりに体系化はできるわけです。それをやるのが大学です。そのためには、学問の第一の地位に哲学や方法論が確固とあって、これを一般教育で教えなければならない。どうしてフランスで、バカロレアに哲学があり、医学部だろうと法学部だろうと、これを受けなければならないかがわかります。物事を総合するために哲学がないと、学問が崩壊してしまうのです。さすが、ディドロ、ダランベールの国フランスです。

こういう点に、もう少し文科省が配慮してくれれば、少しは大学もよくなると思います。

専門バカへの批判

もちろんこの問題に対して、ウェーバーは悲観的です。すでに少し触れました『職業としての学問』はいわくつきの本なのです。

これは第一次世界大戦が終わる1917年、ミュンヘン大学で講演したものです。その3年後に彼は亡くなりますから、遺書のようなものでもあります。この本は非常に複雑で、書かれた通りそのままに読むと、「大学の教師はアジテーター（扇動する者）であってはいけない。

専門家でなくてはいけない」「専門以外については一切教えてはいけない」ときわめて禁欲的に書いています。本当にウェーバーはそれが言いたかったのか？　むしろ、そういうふうになってしまっている大学を逆説的に批判したのではなかろうか？　ここでの逆説とは、大学の教師はそうなってはいけないという意味です。専門を乗り越えることに意味があるということなのです。

ある知識を他から切り離して、それだけを専門的に教えることは危険であるということです。細切れの知識を全体として捉えるには、総合的な知識が必要です。総合的な知識を得るには、こまごまとした知識を抽象化し、一つの大きな概念にまとめ上げる必要があります。

これは先ほどの「洞窟のイドラ」の問題に通じます。つまり、「洞窟のイドラ」のような誤謬を避けるためには、私たちは一旦、このようなものを「概念」というものに落とし込まなければならない。

概念に落とし込むとは、抽象化するということです。それはどういうことかといえば、たとえばコップというものを考えてみましょう。子供たちは、「コップ」とか「ペットボトル」とか「帽子」などと言ってものをつかみます。やがてそうしたものを一括して、「物質」というものだと理解するのです。コップやペットボトルのような具体的な名称をいくら覚えても、全体としての意味に到達しない。「物質一般」とか、「人間一般」とかを理解する必要がある。

最初「タロウちゃんがぼくのおもちゃをこわした」と言っていたのが、そのうち「人間が破壊した」などと一般化していくのですね。一般化することによって、概念化が定まる。当然、Aちゃん、Bちゃん、Cちゃん、Dちゃん……の他に、すべての人間を見たわけではありません。でもどこかで一般化できるのです。一般化すると、人間という概念がわかってくる。この一般化という装置は、私たちが真理に至るためにどうしても必要になるものです。だから、物事の本質をつかむためには、学問、概念が必要になる。

神学とマルクスで鬼に金棒！

ここから、私の専門であるマルクスが成し遂げた仕事の意味が出てきます。そこに至るまでを説明します。マルクスを勉強することは、まさにこうした総合的な学問の技法を学ぶことにつながります。だから、マルクスを学ぶことに意味があるのです。そこで「数ある学問の中で、何に取り組めば一番無敵か？」という問いを立ててみましょう。

答えはこうです。一つは神学、もう一つはマルクスです。この二つがあれば、鬼に金棒。この二つがあれば、理論的な喧嘩は絶対に負けない。なぜそうなのか？　それを今、証明します。

なぜか？　基本的に西洋のすべての学問は、一旦、神学へとさかのぼります。なぜ神学であって、ギリシャ哲学ではないのか？　いや神学は、ギリシャ哲学を使って自らをつくり上げたのです。正確にいうと、神学という学問は、2～3世紀のキリスト教やユダヤ教といった宗教がギリシャ哲学と融合して、今の姿になったといってもいいのです。キリスト教、ユダヤ教が、ギリシャ哲学と合流したものがそれです。多くの西欧的思想の解釈は、この神学を見るとよくわかる。神学は、何がすごいのか？　真理を見る道具をつくったということです。

さらにいえば、この道具を最もよく勉強し、最も抽象的な形而上学として現実の経済や政治に移し替える方法論を開発したのがマルクスであったともいえます。知の世界における弁証法です。弁証法という方法を現実世界の中に活かした。これは簡単ではありません。理論をたんに現実に当てはめればよいというものではない。

だから、神学とマルクスの両方ができたら、鬼に金棒でしょう。天空界、知性界、現実界においても完璧。もっとも、あんまり完璧すぎるというのも眉唾《まゆつば》ものですよね。あまり深く信じないでください。

三つのミドラーシュ的読解術

神学とはいわゆる解釈学です。解釈学とは、ユダヤ教のミドラーシュを前提にしています。マルクスの学問の方法は、ある意味、ミドラーシュそのものであるともいえます。

ミドラーシュという解釈学によって聖書を読むと、どうなるか？　ミドラーシュには、大きくは三つの読み方があります。これを知っておくと便利でしょう。

第1番目の読み方は、内容をズラしながら、現代に合うようにやや牽強《けんきょう》付会《ふかい》に読む方法です。ただ、この読み方は歴史的には初期の方法です。

第2の読み方は、預言者的に読み込むという方法です。この本を読むと、未来にはこんな世界がやって来るというふうに読む。未来はこうなるだろうという形で読んでいくやり方です。

第3番目の読み方はわかりにくいのですが、ある意味では一番優れている読み方といえます。それはメタファー（隠喩《いんゆ》）として読むやり方です。まず書いてある文章をそのまま言葉通りに受け取らないという方法です。表面的な文章の意味内容と、本来の文意は違うと考えるのです。隠された意味を解読することで、解釈はいろいろと変わってくるという読み方です。

機械的に棒読みすることを除けば、われわれの読むという行為は、必ずこのどれかの方法になります。要するに、読む側の立場や思考を超えた読み方は、本来できないということでもあります。また、そのように読むことこそ、本を読むという作業に他なりません。

読書は客観的な知識を学ぶ行為ではない

読書とは所詮そうしたものであるということになれば、その読み方のどれがいいかという議論こそ、まさにミドラーシュの議論の核心です。読書とは、自分の考えを超えた何か客観的な事象に迫るということではなく、自分の思考を使って、書物を自分なりに理解するということです。実は、それ以外に方法はないということです。読書とはそうしたものだと一度学んでしまうと、本を読むことはそれほど難しくなくなります。つまり、自分の知識を増やすために自分を押し殺して、筆者の意図をできるだけ理解するという、厳しい義務を半分捨てることができるからです。これは、書かれている内容以前の根元的な部分を理解することに通じます。

さて、日本は明治になって西洋の学問を入れたのですが、そのときキリスト教やユダヤ教などの神学（宗教）は極力避けた。つまり、明治20年代に、キリスト教を一般に布教できるように解放したとき大論争があって、キリスト教をなるべく学校で教えないようにしようとした。こうして、西洋の学問の根本的なところは入ってこなかったということです。

見える世界——万物の根元は何か？

さあ、もう一つ西洋の学問の基礎にギリシャ哲学があります。プラトンとアリストテレスですが、西洋の学問を知るには、この二人の哲学をまずは基本的に理解しておく必要があります。プラトンもアリストテレスも、彼らより前の哲学者たちのある意味での〝愚かさ〟に驚き、新しい学問を構想します。彼ら以前の哲学者たちの愚かさとは何かというと、「目に見えるまま」「手で感じるまま」に本質をつかもうとしたということです。

あの有名なタレス先生は——ここで断っておきますが、タレスはじめこの時代のほとんどの哲学者は何も書き残してはいませんので、彼らの言説を一次資料で確かめることはできません。これらすべてはプラトンとアリストテレスが「タレスはこう言った」などと書いていることに基づいています——すべてのものの根元は「水」であると言っています。それは感覚的にはわからないでもない。一見すると、すべてが水に還元できないこともない。ヘラクレイトス先生は、万物は「火」だと述べています。その他には「土」だ、「空気」だといろいろな哲学者たちが、この世界の根元について主張しています。

いずれにしろ四つが重要ですよね。空気、土、火、水。これは感覚的にわかります。だから一見、説得力があります。

見えない世界――プラトニズム

田中角栄と宮沢喜一[33]の立ち合い演説会の話を例に取ります。この場合、宮沢喜一はプラトンだと思ってください。逸話ですので、真実かどうかはわかりません。

鹿児島へ行って宮沢と角栄が宣伝カーに乗って民衆に演説している。宮沢はこう言います。「日本経済の発展は……」「日本銀行の利子率は……、そしてアメリカとのプラザ合意が……」。民衆は何のことやらさっぱりわからない。

他方、角栄は宣伝カーから降りてきて、おばちゃんやおじちゃんの手を握る。手の皺を見ながら、「おばちゃん苦労したよね。おばちゃんのおかげだよね、この日本経済の発展は」と語る。この勝負、角栄の勝ちです。まさに田中角栄はタレスなのです。宮沢さんは、理詰めであるがゆえに簡単には理解されない。宮沢喜一はまさにプラトンです。宮沢プラトンは、タレス角栄

◆33 宮沢喜一（1919～2007）元首相。

がおばちゃんの手を握って「おばちゃんのおかげだ」と言っているところにポンと現われて、こう言ったのです。「すべてはイデアである」。「アホかこの人は」と一般庶民はそう考えます。「すべての人間の世界の根元はイデアである」。おばちゃんは言います。「その〝イデア〟とやらを見せてよ」。感覚として表現できないがゆえに、庶民の間では説得力を持たない。そんなものは現実にはありません。イデアとは、人間の頭の中にある非物資的世界のことです。

「何それ？ 見せて！ 見えないじゃん」

まさに見えない世界をつくり上げたことに、新しい世界の登場があるのです。私たちは目に見ているものを感覚的につかもうとしてそれを真実だと思うが、そこに真実はない。むしろ真実は、私たちの頭の思考の中にある。思考をつくっているのは、物質界ができる前からあった精神界です。物質の世界以前に精神の世界があった。それは「イデア」という知性の世界だった。この知性の世界が、あるとき、物質的世界をつくったと考えます。こうして物質界に人間が生まれた。だからこそ、物質界の世界に生きる人間も、ときどき精神界のことを思い出す。それがイデアの世界なのです。

みんなプラトニック・ラヴと闘っている

「プラトニック・ラヴ」という言葉があります。みなさんは、プラトンに関心はなくても、この言葉だけは好きでしょう。ある学生に「君たちプラトニック・ラヴは知っているか？」と聞いてみたら、「何ですかそれは？」と返してきました。「純愛」はわかりますよ。君、恋人はいるだろう？「いますよ」。じゃあ恋人の誕生日にルイ・ヴィトンのバッグをあげる。そうすると彼女はこう言う。「私はこんなバッグより本当の愛が欲しい」。みなさんが、奥さんや旦那さんといつもやっていることですよ。こうやって素敵なプレゼントをくれるのはありがたい。でも、本当の愛が欲しい。ほら、やっぱりプラトン先生を愛しているじゃないですか。本当の愛が欲しいのです。

本当の愛を見せてくれ。ベンツを買ってあげたら本当の愛か？　家を買ったら本当の愛か？そんなものじゃないのです。「心」です。毎日、私たちはプラトニック・ラヴと闘っているわけです。実は、私たちはみなこの精神界のことをよく知っているのです。この世の中には、このような物質的世界の汚らしさを超える美しい愛の世界が、知性の世界があるということを。この知性の世界の中に私たちのすべての真実を知る秘訣がある。だから、この精神世界を徹底して押し進めていけば、人間の本来あるべき姿がわかるとプラトンは考えた。まさにここに「プラトン革命」があった。

イデアから実在へ――アリストテレス

これに対して、アリストテレスはイチャモンをつけます。じゃあ、この世界は何のためにあるの？　魂がそのまま物質世界に移ったら何になるんだ？

そこでアリストテレスは言います。実際、この世界は物質の世界なんだから、物質の世界でイデアを説明しろ、と。そこでアリストテレスは、イデアと物質界をうまく説明しうる世界の根元の問題を展開します。つまり、この世界の物質は四つの原因でできているという説です。これはプロレスの「四の字固め」ともいえます。必殺ワザです。ハマったらギブアップしかありません。人と喧嘩をしていて説明に窮したときに、アリストテレスの「四の字固め」を覚えておいてください。もちろん、「四の字固め」と言ってはいけません。

この世界の精神も物質も、四つの原因でできている。すなわち、質量因《しつりょういん》、形相因《けいそういん》、目的因《もくてきいん》、作用因《さよういん》——これらのどれかに当てはまらないものがあったら見せてくれ！

どういうことでしょうか？　タレスは「世界の根元は水だ」と言った。すべての物質は変転流転する。みんな形が変わる。コップの場合はやがてガラスが崩壊し、土になる。土になって、また変転する。だから本質を「水だ」「土だ」と言っても仕方がない。この世界のものは、つねに変転している。だから、その流れを説明するのです。そして、変転するものに共通していることは、質と量を持っている（質量因）。質と量を表すには、何らかの一定の形がなくてはいけない。それが形相因です。しかし、その形は永遠ではないから、つねに形を変えていきます。なぜなら、存在する目的が終わるからです。存在する意味が目的因。とはいえ、目的を持っていても現実にそうなるわけではなく、何らかの作用を受けて変容していきます。それが作用因です。このペットボトルを私がマッチに火をつけて燃やす、すなわち私がこのペットボトルを燃やしたいという目的（因）を持って溶かすと形が変わる。また、私が壊さなくても太陽の熱で溶けてしまうと、それは作用因によって崩壊するということです。つまり、すべてのものは変動するがゆえに、一つの形で捉えられない。

だから、何がこの世界の根元的原因かというと、この四つのいずれかが原因であるということになります。これでもう、ある意味で学問は終わってしまいました。プラトンとアリストテレスで終わっているのです。つまり、この二つの学問がおおかたを決着しているのです。実際にはこれはいいすぎで、ここから学問が始まったというべきでしょう。学問（科学）とは、この四つの原因を深く研究することなのです。２５００年にわたる西洋の学問は、それをやってきたわけです。

ギリシャ哲学とキリスト教神学との融合

ギリシャはもともと多神教世界です。しかしながら、やがてギリシャの哲学は多神教から離れていきます。その最初の発想がプラトンのイデア論なのです。プラトンのイデアという発想は、この世界の物質の多様性を超え、すべてを一元化していきます。すべては一つの領域に還元される。まさに一つのイデア界です。単一なるプラトンのイデアというものを、神の中に移しましょう。それが一神教の論理です。キリスト教は、ユダヤ教の一神教の部分と、ギリシャ哲学のイデアの世界の影響を強く受けています。ギリシャのこの影響がなければ、今のキリスト教は成立しなかった。イデアを入れることによって、私たちの世界では知性というものが、この世界のすべてを覆い尽くすことになる。

キリスト教はおよそ1800年前のプロティノス◆34の影響を受けた。新プラトン学派がそれです。宗教でありながら、一方でそれがイデアの信仰につながっている。知性信仰が生まれたのです。だから、キリスト教が西洋の学問を生んだというのは、この点にあるのです。知性に対する信仰、徹底して神学をやることが最終的に学問を発展させることになったというのは、こういう意味においてです。

イデアを現実生活で実現する

一方で、ユダヤ教のほうはどうなったのか？　まさにここにプラトンではなく、アリストテレス的な学問の延長があります。ユダヤ教もイデアを同じように受け入れましたが、実は私たちの信仰というのは、イデアに対してのみあるのではなく、実際の生活をきちんと送ることにもある。「きちんと」生活を送るとは、実際の生活上の定めを守ることによって、現実生活に信仰をもたらすということです。これを強調したのがユダヤ教です。つまり、イデアの世界での信仰ではなく、現実の世界での信仰を強くしないと本当の信仰とはいえない。イデアがこの世界を変えるのではなく、現実社会がイデアを変えていく。現実社会をどうつくっていくのかが、本当の宗教の内容だというのです。

この二つは明確に違うように見えますが、最終的には同じです。つまり、客観的な知性《イデア》というものに対する信仰とは、その信仰を現実のわれわれの世界にも持ってこようとすることと考えてみましょう。現実に持ってこようとする思想に、たとえばマルクスのいう「共産主義」などがあります。私たちは知性《イデア》の世界で共産主義をつくる。しかし、共産主義は現実の中では実現できていない。現実の中につくらなければならない。つくらなければわれわれが生きている意味がない。それを実現しようとする。

そこでマルクス主義は、この問題を三つの方向で色づけます。

①上向法＝抽象化

一つは上向法《じょうこうほう》。この世界にあるコップや机などは物質である。しかし、資本主義社会に存在するすべての物質は「商品」という形をとって現われる。商品そのものは頭の中の抽象物であり、一つの概念です。だからそれは、イデアの世界の話です。この商品を分析することによって、もう一度コップという物質世界に戻る。こういうやり方を採用することによって、真実に迫る。これはプラトン的イデア論ともいえます。

◆**34 プロティノス**　（２０４頃～２７０頃）。新プラトン主義の創始者。

②変転・流転を捉える理論＝弁証法

そしてもう一つはアリストテレス的な変転・流転論です。すべて本質的なものは歴史的なものであり、一つの完結したものとしてはつかめない。資本主義は永遠のものだと思っているけれども、それはつかんだ途端に、ある特定の時代の社会のあり方（社会構成体）であるとわかる。そうすると、どのように現実社会をつかめばいいか？　現実社会は様々な歴史的変化によってしかわからない。歴史的な変化こそ、作用因や目的因である。そこで変転の理論、弁証法という方法を使う。アリストテレス以来の弁証法をマルクスはここで採用する。

③物事を抽象化して、そして歴史的に見る

ギリシャ哲学とユダヤ教、そしてキリスト教、これらを見て理解できたことは、感覚を超えて本質的にこの世界をつかむのには、どういう方法を採ればいいのかということです。西洋でつくり上げられた学問体系から理解できたことは、流転するものを感覚的に捉えてはダメだということです。歴史的に捉えるということ。そして現実にあるがままのものをどう捉えるかというと、抽象化するということです。前者が史的方法、後者が弁証法的方法です。

ではそれを知るためには何を使えばいいか？　この歴史的な変化を未来への展望に変えるにはどうすればよいか？

まさに、ここにマルクスの登場する意味があるのです。過去の私たちの学問の最も重要な部

分が、マルクスの思想に集約的に現われている。《**世界の本質をつかむ力**》がそこにあるといってよい。この世界に対して、真実を見るためのイデアの世界を抽象化として知る。形あるものはそのままではつかめないゆえに、われわれは何らかの概念装置をつくり、流転していく姿を捉える方法を考える（資本主義だとか、封建制だとか、などなど）。

マルクスは『資本論』や『共産党宣言』で、それをものの見事に描いている。彼は預言者的なことは絶対に書きません。それを書いた途端に誤謬に陥ることを知っているからです。「ユートピアはこんな世界だ」「共産主義はこんな世界だ」などはけっして書かない。今の世界がどんなものかしか書かない。未来は今の世界の認識から類推するしかない。

しかし、ここではある意味では類推もやりすぎかもしれません。

以下では、本論となる第2部・全5章の構成について見ておきます。

第1章では、「いったい私たちの歴史をどうつかむか？」が問題となります。のっぺらぼうの歴史ではなくて、動態的につかむ。こんな事件が起こった、あんな紛争が起こったという〝事実〟の羅列ではなく、一つの流れとしてつかむことを考えます。それが真実かどうかは、それぞれが考えるべきだが、一つの動きとしてつかむために『共産党宣言』を取り上げてみましょう。

第2章は弁証法的世界。この世界はどういう方法で歴史図絵を描けるのか？　そして、第3

章は『資本論』。『資本論』は優れてレトリック的です。解釈が要求される。レトリック的に読むと何が出てくるか？　預言者的ではなく、レトリックとして読む。先ほどの「ミドラーシュ」の方法でいうと3番目の読み方です。

さらに、第4章は「人間は何者にもなりえるが、何物にも左右されない」。マルクスの『経済学・哲学草稿』の人間論について展開します。

そして、最後の第5章はマルクスの「フォイエルバッハのテーゼ」に関連するような、現代社会を理解するための「テーゼ」を考えたいと思います。

第2部

第1章

抽象化する力で世界史を読み解く

抽象化は難しい

よく「机上の空論」と同じような意味で、「それは抽象論だ」「君の意見は抽象的である」と、否定的に言うことがありますが、本章の「抽象化する力」「抽象力」とは、一見、雑多にあふれ返っている情報や物事をすっきりとまとめる力、現象の本質をつかむ力のことを指します。

物事を抽象化するというのは結構難しいものです。過日、大学のゼミナールで、ちょうど『資本論』の一番難しいところを勉強していました。つまり、第1巻・第1章・第3～4節あたりの「価値形態論」です。「具体的人間労働」と「抽象的人間労働」という言葉が出てくる。具体的人間労働は、メガネをつくったり、時計をつくったりする労働ですので、これは簡単にわかりますね。しかし、労働一般である、抽象的人間労働というのは簡単には理解できません。

それはそうですよね。学生たちはきわめて狭い現実のリトルワールド、スモールワールドに生きています。だから、現実に「見えるもの」だけが真実だと考えているのです。たとえば、身近にあるものを見て、「これはペットボトルだな」「これは帽子だな」と、こういうふうに考えるのも当然なのです。だから、「帽子一般」「人間一般」などという言葉に出会うと、途端に変な顔をする。たくさん友達がいるけれど、彼らが「人間一般」に属するなんて、なかなか考えない。だから、抽象化という問題を説明するには、苦労するのです。抽象というのは、言葉で書くと簡単ですが、これを学生の中に染み込ませるのは本当に難しい話です。

でも、今の日本の学生が悪いというわけではありません。マルクスも、そのあたりのことをよくわかっているんですね。「とにかく私の『資本論』の最初の第1章は難しいから、飛び越したほうがいいよ」と。確かに本当に難しい。

本章は、その抽象化の話です。

「永遠の相」でものを見ると

前章では、プラトンの話をしました。プラトンがなぜ素晴らしいか――素晴らしいけれども、これも教えるとなると大変です。私たちの見ている世界は感覚的につかもうとしても、実際、われわれの感覚も不十分で、それでは本質には迫れない。本質というものは、その先に見えるものをつかまなければならない。つかむためには、それを一旦、抽象化する。「永遠の相」で見なくてはいけない。永遠の相とは何かというと、われわれの人生は、70年、80年なのに、永遠の相がどこかにある。どこかに何か違うものがある。それを「イデア」という。人生の諸般からこのイデアというものを取り出してきて、そのイデアの位置に高める。そうすると、Aさん、Bさん、Cさんというのは、人間一般。このようなものはすべて物質一般で、味気も何もないものになってしまう。しかし、こうすることが実は重要なのだというのですけれども、日頃そんなことをしていたら、友達から嫌われますよね。学生に聞くんです。「君たちの会話で抽象とか一般という言葉は使うか？」「使いません、そんなもの」。それはそうでしょうね、そんなことを言っていたら友達から嫌われてしまいます。

そこで、嫌われることをあえてやるのですが、今、私たちがこの世界を知るために、確かに個々の範囲、時点ではそれぞれに様々だが、一旦、それを超えて抽象化してみることが必要で、その作業をやろうと思うのです。

その抽象化の方法の一つが、有名なマルクスのいわゆる「唯物史観（史的唯物論）」というものです。ある意味では簡単であるため一時期ブームになりましたが、あるときから「ちょっと単純すぎるよ」といった批判を受けた概念でもあります。これから、この唯物史観と弁証法について考えます。

資本主義とは「資本の自己増殖」

唯物史観というのは〝魔術〟のようなもので、すべての歴史は唯物史観によって説明できる。これはストレートで非常に面白い。生産力、つまり人間はものをたくさんつくって、それを売ろうとする。売ろうとすると市場がどんどん広がって、いろんな人との関係も広がる。そうすると、今までの人間関係が変わってくる。Aさん、Bさんといった狭い人間関係が、広い市場に出ることによって、複雑な人間関係になって、どんどん拡大、変化する。これが変化すれば、この社会をつくり上げてきた今までの共同体や小さな世界が崩壊し、次の新しい世界になる。これを「社会構成体」といいます。

社会構成体とは非常に抽象的な概念で、昔は封建制などであり、私たちが今生きているのは資本主義という社会構成体である。この２００年、世界は資本主義という社会構成体にある。この資本主義を一言で説明すると「資本の自己増殖運動」になります。これで済んでしまう。やや単純すぎる。

しかし、この資本の自己増殖運動ということを知った時点で、しっかりと見えるものがある。資本主義にはいろんな側面があるが、「資本の自己増殖」という言葉を使えば、資本主義とは絶え間なく利潤を追求する社会だとわかる。そして、儲けたものを消費せず、さらに投資する社会であると。これは止まらない。この止まらない社会のことを資本主義と言う。外見上どう違っていても、この資本の自己増殖運動があれば資本主義社会であるといえます。

ここまで抽象化するのは簡単ではない。マルクスは一言でこのようにいっていますが、これを引き出すための苦労は大変なものでした。

見えないものを理論で見る

しかし、問題は世の中のほうにある。たとえば「アベノミクスが完全崩壊した」などと雑誌の特集が出ると、もうすぐ年の瀬も迎えれば、「やっぱり来年はいい年でありたいな」と思う。さらに、世の中そんなに悪くもないのではないか。日本は平和で戦争もない。最近は肉体労働者もあまり見かけない。世界はよくなったのではないかと考えたがる。確かに、明らかに肉体労働者らしいという人々をあまり見かけなくなりました。

でも世界では、肉体労働者はむしろ増えているのです。それは当然です。私たちが使っている製品に、メイド・イン・チャイナ、メイド・イン・バングラデシュ等々、外国製品がたくさんあります。昔、これはメイド・イン・ジャパンだったのですが、やっぱりこんなものをつくるには工業労働者が必要です。それをつくっている人は外国にいるので、われわれ日本人の目にはなかなか触れません。目にしないから、「もはや労働者階級、プロレタリア階級などいないんだ。いるのはサラリーマン、中産階級だけなんだ」と思い込むことになるのです。そうすると当然ながら、もはや労働組合も要らないし、階級闘争も不要、もうこれで資本主義は完璧なんだと思ってしまう。そして、「さらにわれわれは民主主義を実現し、そして人権も守られているから、これはもう天国だ」と叫ぶ。「もうマルクス主義なんて終わった。要らないよ、そんなもの」と。

確かにそう見えるんです。そんな時代にマルクスなんて必要なのかと思うわけですが、少しばかり海外へ旅行してみれば、別の世界が見える。しかしそんなことは、よほどお金のある人でないとできませんよね。「今からちょっとバングラデシュに行ってくる」「バングラデシュで1週間調査してくる」なんて人、いますか。いない。

だから、たいていはどうするかといえば、理論的に考えるわけです。「日本でつくっていないということは、外国でつくっている。これだけいろいろな製品があるのだから、かなりたくさんの人たちがその仕事をやっているのではないか」と、こう考えればわかるんですね。

人間にとって機械とは

この「考えればわかること」が、言い換えれば「抽象化」ということなのですが、このようにはなかなかいかない。むしろこう考える。「ロボットがつくっているのではないか」「人間の生産技術もここまで来たか」と。機械というものに対する資本主義的な憧れがある。少し考えてみれば、機械が出てくれば労働者はクビになると考えることもできるはずなのですが、「機械によって私たち人間の労苦がなくなって天国が実現する」と考えてしまう。しかし、実際には機械が人間の仕事を奪う。普通はそうなる。

よく考えると、私たちにとって機械というものは、科学という概念の中にあるのではなく、現実社会の中にある。機械の発明そのものに意味があるわけではない。資本主義は機械を何のためにつくったのかと考えればよい。人間の労苦を少なくして、みなさんを幸せにするためにつくられたものではない。それは、間違いありません。

マルクスの『資本論』の中にも、有名なエピソードがあります。

イギリスの川船の話ですが、下流まで下った船をもう一度上流に引き揚げるにはどうするか。そんなに大きな船ではないので、今ならトラックか何かで運ぶかもしれません。当時のイギリスでは女性を使った。５～６人の女性に紐を引かせて、川沿いの道を歩かせるのです。ときに流れが速くて川に飲み込まれ、女性が水死することもある。「だったら、どうしてロバか機械で引かないのか？」。当時はすでに蒸気機関もあったのですが、そんなことをするわけないだろう。だって、蒸気機関やロバより女性のほうが安上がりだから。これは深刻な話です。つまり、人力（女性労働）を使ったほうが安ければ、機械など入れない。

これは現代でも同じで、本当に機械を入れるべきなのはバングラデシュなどの国ですが、入れやしません。労賃のほうが安いのですから。という具合に、社会の中で見ると、機械は必ずしも私たちを幸せにしてくれるわけではないのです。

確かに科学者がいう機械は、人間に幸福をもたらす。しかし、私たち社会科学者や経済学者がいう機械とは、それが人間にとってどうであるかということなのです。この問題について、いつの間にか私たちは牧歌的な自然科学者のように楽観的になってしまっているのですが、しかしそれほど単純な問題ではありません。そういう意味では、マルクスのいっていることは意味深長です。もう歴史は終わった、資本主義が勝利したなどと考えるのは早計にすぎるのです。

マルクスへの10の誤解（誹謗《ひぼう》？）

テリー・イーグルトン（１９４３～）というラディカルなイギリスの文芸評論家の『なぜマルクスは正しかったのか』（河出書房新社、２０１１年）という本があります。これはなかなか面白い本です。そこにこう書かれているわけです。

みんなが勝ち誇っている。もうマルクスなんか要らない、マルクスの議論なんて、ほとんど100％間違っていると。しかし、もう一回ちょっと見てみよう。もし「マルクスの仕事に対するおなじみの批判がことごとく間違っていたとしたらどうだろう？」[35]。早とちりをして、マルクスは全部間違いだと決めつけたら、もう自分たちの社会の間違いを訂正してくれるものがなくなる。みんながマルクスの間違いと言っているのは、いったいどういうものなのか？

概略して箇条書きにすると、イーグルトンは次の10点を掲げています。

1. もはや労働者などいない？
2. 資本主義ではなく、マルクス主義による社会主義国家が大量の虐殺をもたらした？
3. マルクス主義はある種の歴史法則論？
4. マルクス主義はユートピア？
5. マルクス主義では経済がすべてを決定する？
6. マルクス主義は唯物論で、精神や意識を軽視して物質だけを考えた？
7. 今でも階級闘争はあるの？
8. マルクス主義者は暴力主義者？

◆35 テリー・イーグルトン『なぜマルクスは正しかったのか』松本潤一郎訳、河出書房新社、2011年、序文5ページ

9. マルクス主義は国家主義？

10. フェミニズム運動、ゲイ運動、環境保護運動など、現代のラディカルな運動はマルクス主義と関係ない？

もはや労働者などいない？

東京などの都市社会では、そう見えるかもしれません。私は田舎者ですから、東京へ来て驚いた。みんなネクタイを締めている。田舎では、ネクタイを締めている人などほとんどいませんでした。ほとんどが農業従事者であり、ネクタイを締めている人は郵便局とか市役所の職員だけで、他はみんなネクタイなどはしていませんでした。

東京で生まれ育った人は、お米は自然にできて、そしてネクタイを締めた人間たちだけでも生きていけるんだと思うかもしれません。

たとえば、パン屋に行ったらパンがある。しかし、誰かが小麦をつくり、小麦粉にし、それをこねてパンをつくる。アメリカの小麦畑は機械化されているように見えるが、実際にはメキシコの労働者たちが野良仕事をしている。実際の世界が見えていない。

資本主義は人を殺さない？

それからもう一つ、こんなことが一般に語られています。「資本主義は人殺しではない。本当の人殺しは社会主義である」と。

『共産主義黒書』という本がフランスで発刊され大評判になりました。他方、『資本主義黒書』や『植民地黒書』などもあることを忘れてはいけません。これもきちんと読むべきなのです。『共産主義黒書』を読みますと、共産主義は世界で6000万人、7000万人を殺したとある。では、『資本主義黒書』ではどのくらい殺したと思いますか。数億人という数字が出てきます。それはそうでしょう。貧しい人は飢え死にした。餓死は、自ら望んだのではありません。「でも因果関係はない」。まさに因果関係がないことが資本主義のある意味でのズルさです。

第二次世界大戦で、軍人、政治家は、戦争犯罪を問われました。ところが、三菱などの資本家はほとんど問われていません。経済行為については、それが戦争責任との因果関係が明白ではないから問われない。直接武器を持つか、命令をするかしない限り、殺人は問われない。からくりはここにある。資本主義が誰も殺していないとされるのは、それが間接的だからです。資本主義社会は政治と経済を分離した。そのことで資本家は経済に打ち込めるようになった。これが代議制民主主義といわれる現在の制度ですが、そのため資本家は直接政治に参加しないので、その代わり政治家が殺戮の義務を負うことになったのです。

マルクス主義は歴史法則？

それから3番目「マルクス主義はある種の歴史法則」かどうか。本章はおもにこの部分を問題にします。歴史法則とは、生産力の発展と生産諸関係の矛盾によって、生産体制が変革されていくという発想です。これで全部説明できれば、あとはもう歴史家のやる仕事はない。マルクスが本当にそう言っているかどうかは別としても、これにとらわれたマルクス主義者がたくさんいたことは確かです。

これは昭和20年代に論争がありました。私は、その頃の大先生と、後に議論したことがあります。その大先生は、「歴史というのは、基本的にはこの唯物史観によって貫徹するんだよ」と述べていました。その確信に関しては、私もその先生を尊重しています。

しかし、ある歴史家がそう考えたとしても、そして、その法則が確かに大きな力を持つとしても、それに該当しない部分を調べるのもまた歴史家ですよね。これもやっぱり必要です。その時代はある意味、戦前の天皇史観に対する反動があった。若い人たちは政治的に動き、マルクス主義史学が学界を支配してしまった。しかし、今度はこれに対する反動が大変なことになる。この反動とは、その次の私たちの世代の話です。「どうしてマルクス史学などやるのか、あんなものは学問じゃないよ」という動きです。「もう歴史学界からマルクス史学を追放しろ」となる。これもまたいきすぎです。

私の尊敬している先生で、もう亡くなりましたけれども、東京大学の遅塚忠躬《ちづかただみ》◆36先生という方がいます。私は一橋大学の助手の頃、18世紀学会の事務局をやっていたので、昔から付き合いがありました。遅塚先生がすごいなと思うのは、１９８９年のフランス革命２００年の国際学会に出ていって、フランス革命に関する旧来の学説を擁護したことです。当時、フランス革命の理論自体が大きな革命の時期を迎えていました。私たちが習ったのは「ブルジョア革命説」で、つまりフランス革命はブルジョアが立ち上がって絶対王政を倒した革命だという説。しかしフランスでは、もうとうの昔にそれが影響力を失っていました。それは「政治」でもあるわけです。ここで「政治」とは、フランス革命が、ブルジョアが絶対王政を倒した革命ならば、ブルジョアも同じように革命で倒されるじゃないかということです。これによってロシア革命は必然化する。しかし、ここをつぶせばロシア革命は理論的に消えるんです。

つまり、フランス革命はブルジョア革命ではなかった。ブルジョア革命がなかったからプロレタリア革命もない。これはマルクス主義にとって、理論的に強烈なボディーブローなのです。

この直後にベルリンの壁が崩壊します。猛攻です。反動の猛攻というのは少し言いすぎかもしれませんけれども。その時期に遅塚先生が出掛けていって、国際会議で「ブルジョア革命説」を主張した。ブルジョア革命と、それに続くロベスピエール（1758～94）による「プロレタリア革命説」を唱える。まさにロベスピエール万歳なのです。時代はすでに「ブルジョア革命説」は弱体に陥っていた。高橋幸八郎、◆37 遅塚忠躬といった歴史家は、いわゆるマルクス主義歴史学の流れであり、「フランス革命はやはりブルジョア革命であった」という学説です。

◆36 **遅塚忠躬**（１９３２～２０１０）フランス革命の研究者。一般書に『フランス革命』（岩波ジュニア新書）などがある。
◆37 **高橋幸八郎**（１９１２～１９８２）フランス革命の研究者。戦後の日本の歴史学を代表する人物。

それから20数年、２０１４年から16年にかけて、フランスで小さなブームが起こっています。ロベスピエールが復活しているというのです。ロベスピエールは、すでに長い間、全然人気がなくて、とことん叩かれていたのです。

なぜロベスピエールをみんなが認めないかというと、こういうことです。１７８９年までのフランス革命はよかったのに、ロベスピエールはそれを別の革命に変えてしまった。彼がやろうとしたことは、ブルジョア革命ではない。平等主義的革命だった。平等主義的革命というのは、フランス人権宣言の三つの言葉、自由、平等、博愛のうちの平等を中心に考えた革命で、とりわけロベスピエールは、自由によって起こった不平等を排除しようと考えたのです。だから、経済的自由を中心に考えるブルジョア陣営は、ロベスピエールを認めるわけにはいかなかった。特に問題なのは、ヴァンデーの反乱[38]の鎮圧とテルミドールの反動[39]です。これによって多くのフランス人が死んだ。だから、「あいつは極悪人だ、ひどいやつだ」と、ロベスピエールは認められなかった。

しかし近年、ロベスピエールの再評価が始まっています。貧困や格差の拡大など、あまりにも現在の資本主義がひどいからでしょう。つまり、所得の平等分配など、ロベスピエールが実現を目指した政策が改めて評価されている。なのに、彼はなぜこんなふうにひどい目に遭っているのかという議論なのです。遅塚先生が言わんとしたことは、やはり正しかったではないか。遅塚先生が生きておられれば、「俺の言った通りではないか」と嘆かれたかもしれません。

マルクス主義では経済がすべてを決定する？

それから５番目は、「マルクス主義は経済がすべてを決定する？」。基本的に３番（歴史法則）と５番は似ているのですが、経済法則がすべてを決めてしまうかどうかということです。

マルクス主義においては、法学や政治学よりも経済学が強く、マルクスの経済学を勉強しないとダメです。経済学で生産力と生産諸関係をしっかりと分析して、その後に生産諸関係の上にある法学や政治学を学ぶ。経済学こそ下部構造の学問であったわけです。「経済学は社会科学の王者」だとか、「経済学しか要らない」などとは、マルクスは一言も言っていないのですけれども、おおかたの人はそう思っていた。「経済学は社会科学の王者なんだから、やはりすべての人が学ばなければいけない」などと。

経済が中心であることによって、何となく経済だけでこの世の中が回っているような印象を与えてしまったわけです。それは大間違いです。政治や人間の主観にも意味がある。マルクスだって、それは知っていた。たとえば、工場法や労働時間の制限、衛生管理など、そうした法的な変化が資本主義に与えた影響もあるのです。だから、そういう意味で、経済だけにすがるということは間違いであることは当然なのです。

◆38 **ヴァンデーの反乱**　１７９３年、ヴァンデー地方に起こった反乱。
◆39 **テルミドールの反動**　１７９４年７月のジャコバン独裁に対する反乱。

マルクス主義は精神や意識を無視した？

6番目は「マルクス主義は物質界とかそういうモノだけに関心を持つので、精神や意識といったものに関心を持たないだろう」という問題。なるほど、マルクス主義はそう見える。階級闘争など、もうありません。もうブルジョアもなく、資本主義は変わった。マルクス経済学者も、なかなか心が揺らぐ部分です。資本主義は変わったんだ。変わったのに、お前はいまだに昔の発想で考えているのかと苛《さいな》まれる。しかし、そんなに簡単に変わるのか？

最近は「金融資本主義」ということで、昔のような「生産的資本主義」ではないといわれる。金融資本主義ならマルクスもきちんと押さえています。生産的な資本主義から、やがて金融的な資本主義になると書いてあります。『資本論』では、「工場生産がどんどん軌道に乗り、発展すると、工場は資本が余る。余った資本を自分たちの本来の生産に向けないで、銀行もしくは株式に投資し、企業は産業から、お金を投資して儲けるという金融資本に近づく」◆40と指摘しています。マルクスは、その死によってそれから先を見ることができなかったので不完全ではある。しかし、すでにここまでは予測していた。だから「金融資本主義」の到来によって、資本主義が完全に変わったことにはならない。

確かに金融資本主義の世界では、物質的生産の世界を直接的には見ない。物質的生産ではなく、金融のような非物質的世界が社会を決めているように見える。しかし、実際上、金融資本主義といえども、物質的生産の世界を前提にしていることは間違いない。表面的に見える変化は、実質的変化ではない。とはいえ、非物質的世界、すなわち上部構造の変化が、物質的世界（下部構造）に影響を与えることを、マルクス主義は否定しているわけではありません。ただ、それが本質的ではないというだけです。

マルクス主義者は暴力集団？　国家主義者？

それから7番目、「マルクス主義というのは暴力集団？」。

これはもう学生運動全盛の頃にいわれました。全部、イコールではないけれども、学生はマルクス主義にかぶれているから、暴力集団であると。暴力主義者だということですよね。これはレッテル貼りであったのです。しかし、この目論見はある程度成功した。

次に8番目の「マルクス主義というのは国家主義者？」。これもまた誤解です。マルクスは、「国家の廃止」とずばりと言っているのですが、しかしながら、当面、社会主義国を名乗ったソ連、中国などには国家主義の国が多かったのも事実です。要するに、個人なんかすべてつぶしてしまって、国家の奴隷みたいになるんだと。だからそれに飽き飽きして、もうこんなものは嫌だと考えた。

◆40『資本論』第2巻、第12章「労働期間」

マルクス主義の議論は時代遅れ？

それからもう一つは、もうマルクス主義といった運動は時代遅れだという主張です。最近はフェミニズムもある、環境保護もある、ゲイの運動もある。こうしたラディカルな現代の思潮は、マルクスとは何の関係もないというわけです。

いや、これは違いますよ。これらの運動の骨格はマルクスのものです。たとえば日本でフェミニズムが一番最初に芽生えたのは１９７０年前後ですが、その先頭を切ったのは水田《みずた》珠枝《たまえ》さ◆41んです。マルクス主義の中で女性労働の問題として出てきたわけです。これは世界的にそうでした。それが今やまったく違う方向へ行っていますが、出発点はそうだったのです。

こんなレッテル貼りをして、マルクスのすべてを棺桶に入れてしまおうという考え方がありますが、しかしそうはならない。今、私たちがこの世界を批判しようとして様々な運動を行なうが、それらをしっかりと全体として捉え、統合する「輪っか」がない。こうした輪っかがなければ、それぞれの運動はバラバラに展開し、収拾できなくなるのです。マルクス主義は、まさにそれらを統合する運動なのです。

理論をしっかりと学ぼう

私のようにパイプをふかしながら机に座って、どこへも行かないで理論を巡らせるタイプがいますよね。他方でアフリカなどへ行って、一所懸命ミクロな実証研究をしている人もいます。私などは、そういう人から「あなたみたいに頭の中だけですべてを割り切る人はダメだ」と批判を受けるわけです。とはいえ、若い頃の私は、資料調査のためにヨーロッパ中を駆け回っていました。拙著『トリーアの社会史』(未來社、1986年)などはそうした成果です。

しかし、アフリカをいくら駆けずり回ったって、そこで得られた資料を基に研究(抽象)し、理論化しなければ、何もわからないだろう？　毎年のように海外へ行って、いくら資料を集めてみても、資料の山ができるだけで、整理されていないのではないか? 少し落ち着いて、せめて5年くらい研究室にこもって整理しないと、真実は見つからないよと切り返すのです。

本質型と存在型の学問

ここで言いたいのは、いわゆるexistentia(エクステンシア)とessentia(エッセンシア)のことなのです。existentiaというのは「存在」を問うこと。essentiaとは「本質」を問うことです。確かに、私たちの世界には大きくこの二つがあることは間違いありません。

たとえば、一つの問題を考えてみます。「西洋社会の考え方と、東洋社会の考え方は同じかどうか?」。この世界にはexistentia(存在)を問うような社会と、essentia(本質)を問う社

◆41 **水田珠枝**(1929〜)フェミニズム運動を展開した日本の社会思想家。

会があるわけです。

日本、中国、中東などは、だいたいexistentiaを問う社会なのです。ものの本質よりも、実際にあるものを見て、その感覚でものを見ていくのです。これが力を持つのは、科学や実験など、そういう世界です。

もう一つはギリシャ、ヨーロッパ、中東の西側のほうに生まれた、いわゆるユダヤ教、キリスト教のような発想で、essentiaを問うような社会です。

その典型としてギリシャがあります。ギリシャは、中東で生まれたユダヤ教やキリスト教に大きな影響を与えました。これらはもともとexistentia的なものを持っていたのですが、決定的に本質的なものに変わるわけです。それが中世なのです。つまり、ヨーロッパで、3〜4世紀くらいから14世紀までとされる中世は、徹底して思弁の世界、本質の世界なのです。

しかし、これには欠点がありました。本来もう少し存在を問うような、ギリシャでもアリストテレス的なものは全部忘れ去られて、プラトン的なもの（イデア）が支配してしまうわけです。しかも、直接ギリシャの哲学を読むということもなかった。10世紀、ギリシャのアリストテレスやプラトンは、ヨーロッパでは一切読まれていません。

では、アリストテレスやプラトンはどこで生きていたのかというと、これはむしろexistentiaを問うイスラムの世界で生きていたのです。イスラム教は中東近辺で生まれた宗教ですが、existentiaを重視します。感覚、感性、美しさを問うような学問です。それでこの学問が一番に飛びついたのはアリストテレスです。アリストテレスは、この世の中にあるものは、いわば本質として捉えられる思弁、つまりイデアによって捉えられるものではない。イデアなどというものはない。それは転変していくものの連動なんだと。これをあえていえば、existentiaです。でも問題は、私たちがものの変動がどうかということを、ものそれ自体に即して、徹底してそこで調べるべきだといっているわけです。そうなると自然科学ですよね。顕微鏡でのぞくとか、そういう実践主義です。こうした学問が一番発展したのがイスラム圏なのです。それでイスラム圏で科学が発展した。これは世界史の授業で習います。当時のイスラムでは、自然科学系の本がたくさん出ています。アリストテレス研究が盛んで、結局、ここでいろんな発明がなされた。西洋が、16～17世紀に発展する下地をつくったのは、実は中東なのです。中東で生まれた実験科学、こういうものがやがてヨーロッパに入る。これがルネサンスです。ルネサンスによってこれが熟して、15～16世紀に宗教改革が起こる。これも基本的にイスラム圏に根を持ちます。イスラム教の宗教議論が宗教改革につながる。それから様々な技術です。これもすべてこちらで生まれています。

つまりessentia、あまりに本質論的議論に偏ると、結局その地域は停滞する。先ほど私は自分の研究スタイルについて、こう述べました。「机に向かってパイプをふかしながら考えている理論屋」と。確かに、理論屋だけではダメです。世の中が理論屋だけだとどうなるかというと、中世1000年のあの閉じた世界になってしまうのです。

二つを総合するには

ですから、やはりessentiaだけではダメです。existentiaも必要なのです。このexistentiaはアリストテレスです。ただ問題は、この二つを総合するとすごいものが生まれるということです。これを総合していく作業こそ、16〜17世紀からのヨーロッパの学問の流れですけれども、なかなか難しいですよね。

哲学の世界では、デカルト、カント[42]、ヘーゲル[43]といった流れが、essentiaの極端な例です。まさに思弁の世界なのです。イデアの自己展開。これは現実には何の役にも立たないとしても、頭の中のことだからケガもしない。たんなる悟性から意識になり、意識が自己意識になり、自己意識が精神になり、そして理性、絶対理性、絶対精神になっていくという、この流れ。ものの見事に精神の発展形態が歴史をつくる。もっとも、証明しろといっても、人間の精神の発展なのだから、現実のものとして見せることはできません。最初から見せることがないという前提です。つまり、すべて思弁の世界です。見事な説得力を持っている。ヘーゲルの『精神現象学』（１８０７年、平凡社ライブラリー他）を読みながら、自己意識の時代はいつの時代かな？　ギリシャ時代かな？　あるいは絶対精神の時代は何時代かな？　今はいったいどこにいるんだ？　実に明解である。しかし、明解だけれども、心配なところもある。

ちょうどアリストテレスがプラトン先生に向かって、「イデアの世界なんてどっちみちないんだから、何の意味もないよ」と言うのと同じように、何か空虚なものを感じます。やはり、現実社会の運動というものを説明しなければ意味がないし、われわれの生活の役に立ちそうにもない。「絶対精神の段階に至ったからといって、いったい何があるんだ？」ということです。具体的な世界は、私たちの肌で感じる。それは言葉を変えれば、資本主義体制であったり、あるいは封建制であったり、具体的な制度を持っている。そこでマルクスはこのヘーゲルの問題を、こうした経済の問題に置き換えていくわけですね。

置き換えることは、一見簡単そうに見えるのですが、そうではありません。なぜなら、ヘーゲルが精神の世界で行なった展開を、現実の歴史にただ置き換えていったって、いわゆる牽強付会、勝手にこじつけることにしかならない。こじつければ何でもできてしまいます。「これがこうなんだ」「あれがこうなんだ」と。でも、それでは証明になっていないのです。証明を見つけるというのが重要です。

本質から存在を証明するには

つまりどういうことかといえば、こうです。今ヘーゲルという教科書があるとする。教科書には世界はこう動くと書いてある。これを現実に当てはめると、なるほどすっきりする。こん

◆42 カント　イマヌエル・カント（1724〜1804）ドイツ・プロイセンの哲学者。主著『純粋理性批判』（1781、87年）。
◆43 ヘーゲル　ゲオルク・W・F・ヘーゲル（1770〜1831）ドイツ観念論の完成者とされる哲学者。

なことなら、ヘーゲルが考えたことを現実にただ落とし込めばいい。ヘーゲルが逆立ちしたことを、もとに戻すだけの仕事です。もしヘーゲルの精神の世界に意味がないのなら、現実もスカスカの意味のないものだということになります。ただ、マルクスがその程度のことをやったというのであれば、「マルクスは結局、何もしていない。仕事をしたのはヘーゲルで、マルクスはただそれを短絡的に応用しただけだ」ということになります。ヘーゲル主義者の中には、そう考えている人がいますが、実はそうではないのです。これが簡単なことではなかった。

もっとずばりといえば、こういうことです。ここに『恋愛方法論』という本があるとします。これはヘーゲル先生が書いたとしましょう。私はヘーゲル先生の『恋愛方法論』を徹底して学んで、明日から実際の恋愛に挑んでみようと考えます。もう、それはばっちりですよ。絶対に勝てる。ここにすべての秘訣が載っているんですから。しかし、彼女という実在は簡単ではない。全然うまくいきません。これは精神の世界の秘訣であって、現実の世界でうまくいくというわけではないのです。もし、現実の世界でマルクスが、まさにヘーゲル先生の恋愛テクニックを実践したら、100戦100敗、全部ダメです。それは当然そうなりますよね。

だから、彼は現実を本当に理解するために、長い間、経済学を勉強するしかなかったのです。20年もかかったわけです。具体的な勉強をしても、それで何かがわかるわけではない。本当の意味がつかめるようになるには、ずいぶん時間がかかった。簡単なことではないですよ。もし簡単だったら、哲学者が明日から経済学者になればいい。そのようなものではないのです。ここに決定的な問題があるわけです。マルクスの唯物史観といっているけれども、ある一つの理念、つまりイデアがあって、それを現実に当てはめたというものではないのです。現実を知る中で、イデアのほうも変化していく過程を通らざるをえないということなのです。

バラバラの歴史を一つにする世界史

さてここで、マルクス以前に「世界史」という概念があったのかどうかを考えてみましょう。一つの問いです。

世界史はいつ生まれたのでしょうか？　世界史は高校で習いますが、「世界史」という言葉にびっくりしませんか？　日本史にもびっくりしますけれども、世界史もまた驚きですよね。広い世界を一挙に説明することができる世界史とは何者か？　その内容は、何でも屋、電話帳。アフリカの話があって、突然インドの話があって、「突然ですが」「突然ですが」とつながりもなく連続する。私は高校時代、世界史の授業を聞きながら、「先生は、大変だな」と思いました。昨日まではギリシャですけれども、「今日はイランに行きます」と。せっかくギリシャで興奮したのに、これで終わり？　あれもこれも説明できる？　先生は、ただいたずらに世界中の雑多な知識を生徒に与えるだけになる。生徒は退屈する。

いい先生だとこうするでしょうね。一つのストーリーをつくる。一応、教科書をつくっている人たちは、それなりにストーリーがあってつくっているはずなのです。実際には、世界史というものは、アレクサンダー大王やモンゴル、植民地をつくった世界、いわば個々の歴史を一つに統一せんとした人々の物語なのです。世界史という言葉にはそれが含まれている。そこがポイントです。つまり、個々の歴史がバラバラにあって、「これもありました」「あれもありました」「おめでとう」というのではなくて、個々の世界がある力によって崩れ、それが一つの歴史の中に収まる過程なのです。これを説明するのが世界史です。世界史とは、バラバラの個々の事象を覚えることではない。一つの全体像を学ぶ場所なのです。

多くの受験生にとって、世界史は好きになれない科目でしょう。「だって先生、世界史は、アラブ人の名前も中国人の名前も覚えなければいけない。アメリカ人やスペイン人も。みんなどうやってそれぞれがつながっているのか、さっぱりわからない。バラバラだ」と。なるほど。「世界史はただ電話帳みたいに名前が並んでいるだけで、何の関連もないじゃないですか。どうしてイスラム文化と中国文化とヨーロッパ文化が何の関係もなく並んでいるの？　説明してよ」と。

説明はできるのです。たとえば、モンゴルを考えてみましょう。モンゴルは中央アジア、中東、ヨーロッパに侵入する。こうして中東やアジアでは、それまであった体制が崩壊して、オスマン帝国に変わる。今までどうしようもない田舎だったロシア地域が、やがてこのモンゴルのハン（ハーン、カン、汗：君主の意）の中に取り込まれて、ハンからツァー（皇帝）が生まれてきます。そして慌てたヨーロッパは、いわゆるルネサンスへ進む。どうしようもない中世の閉じた世界に対する危機意識が、ルネサンスを呼び覚ます——こう説明すればよいのです。しかし、ただたんに「突然ルネサンスが起こりました」と説明している。これはやはり先生たちの技量というか、世界史という概念を知らないからなのです。

資本主義が世界史を生み出した

では、「世界史」はいったい誰がつくったのか？

一般的に世界史という概念自体は昔からあるのですが、本当の意味で世界史という概念をつくり、世界史という言葉を今私たちが理解しているレベルで使ったのは、実はマルクスなのです。その典型的なものを紹介すると、『共産党宣言』（１８４８年）です。ものの見事に世界史がなぜ生まれたかを書いています。

世界史というものは、個々の事象が別個に起こっていることを説明するのではなくて、ある一つの動きが全体を包括し、今まで各国史だったものが崩壊し、一つの世界に包摂されていく過程であると述べています。今まさに私たちは世界史の世界に生きているのです。

中東で起こったことと尖閣諸島が結びついているというのも、それです。ウクライナの問題がＴＰＰと結びついているというのも、それです。今世界のすべての出来事が結びついている。個々の個別史の時代は終わったのです。なぜなら、世界が一つの流れで動いているからです。

では、世界史を引っ張っているものは何なのか？　マルクスはそれを「資本」の力だと言います。これで説明すると、確かにものの見事に説明できます。「資本」の利潤追求が世界を結びつけた。世界のどの国もこの利潤追求の中で、遠い他国のことを気にせざるをえなくなった。世界史は、資本主義が生み出した概念だといえます。世界の出来事を一つの全体の運動と見ることで、歴史の流れを知る学問、世界史とはまさにそういう学問なのです。

とにかく世界史とか日本史が一番嫌いな科目であるのは、「記憶しなければならないから」だと学生たちは言います。ここで入試問題を見てみましょう。日本でも、一流大学ではいい問題が出題されることも少なくない。さすがです。なぜいい問題かというと、こうした大学は採点期間が長いので、論述式の問題を出せるからです。

世界史といっても、「下の中から『共産党宣言』の著者名を答えなさい」などという問題は出しません。「ルネサンスに与えた中東の影響について800字~1000字で記せ」。これは、中東のこと、ルネサンスのことを知識として覚えているだけでは解けないのです。これをつなぐ「輪っか」を知らなければならない。たとえば十字軍であり、モンゴルです。こういうものを説明しながら、地中海貿易も知っておかねばならない。これらはつながっているわけですから。本来は、こういう問題を入試問題として出さなければいけないのです。

しかし、実際多くの大学は、3日で合否を出さねばならない。論述式の問題なんか出題したら、採点する先生をさらに雇わねばならない。その費用はどうするんだ？　3万5000円の受験料では儲からないじゃないか？　そういうことですよね。一番いいのは機械にやらせることです。3日で合否を出すためにマークシートでやります。マークシートの問題ほど楽な問題はないのです。学生は何も考えてなくていい。たとえばマホメットが『コーラン』を書いたことは覚えています。「それ以上、何が必要なんですか?」というわけです。確かにそうですよね。勉強とは暗記なり。思考能力は、一流大学の学生以外は不要である。

こうして入学してきた学生から、真っ正直に聞かれたらヤバい。「だって、先生、大学入試の問題は、大学に入ってからのことを考えて出題されているんでしょう。それで私はマークシートの問題を解いて合格したんだから、いいではないですか」と。

しかし、大学とは思考能力を養う場ですから、これでは入学してからがうまくいかない。学生は軒並みに講義が意味不明だと言い始める。だから大学でも記憶型の講義をやり、期末試験でマークシートを使い出す。こうして私立大学の学生は、思考能力が減退する。

高校で私立文系コースに入ったら、もう終わりですよね。私立文系が悪いのではなくて、私立大学がこんな試験問題を出すからいけない。しっかりと物事を考えさせる問題を出せばよかった。安上がりに入試を終え、学生を確保するということを優先したからこうなった。

しかし、これは言い訳にしかすぎない。

世界史という学問の意味——未来への預言

大学の講義は、まさにこの世界史の流れを示すことの中にある。世界史が概念として登場するわけです。これは残念ながら（！）マルクスを使わなければ見えてこないのです。これは、歴史発展法則の問題です。歴史には、一つの流れがあると考えるのです。これを見つけることが大学での知です。「そんなたいそうなことを言うな」と思われるかもしれませんが、そもそも歴史学という学問がヨーロッパで生まれた最大の理由は、ここにあったのです。

ある意味、歴史学はまさにユダヤ教の専売特許だったわけです。ユダヤ教の『旧約聖書』の「モーセ五書」◆44というのは、モーセがユダヤ人を連れてエジプトから脱出して、新しい国家をつくるところまでを書いたものです。その後は、ユダヤ国家が繁栄に向かっていくことが書かれています。ユダヤ教の歴史観が、ここに示されています。「過去の歴史は神の約束した大地に行くためのものだ」ということです。これは歴史であり、預言です。

しかし、このユダヤ教の発想をコテンパンにやっつけた宗教が現われます。キリスト教です。取りあえずキリスト教は、『旧約聖書』の中身を全部いただいた。しかし、その内容を変えた。ユダヤ教ではモーセが預言者で、それ以外にはいないのです。モーセが「未来が来る」と言っていたのに、突然、「いや、もう一人いるんだ」と新しい預言者キリストが現われる。モーセがやったことだけではうまくいかない。そこにキリストが出てきて、「キリストこそ本当の預言者であり、キリストが未来に連れていってくれる」と書き換えた。

一方、ユダヤ教は、ここで突然、発想を変えます。預言という発想をやめたのです。つまり、未来の世界（天国）に生きるのではなく、この世界（俗界）の中で生きることにすべてを注ぎ込むという考え方に変えた。この世界に生きていくことが、われわれにとっての宗教そのもの。つまりこの世界で、禁欲を通じて神の世界を実現することを目的とする。天国での禁欲の世界ではない。天国に行ったら身体がないから禁欲は簡単です。身体を持っている世界で禁欲することは難しい。これを実現せよというわけです。それまでユダヤ教は、安息日などのいろんな戒律にあまり厳しくなかったのですが、キリスト教が現われてから厳しくなったのです。

キリスト教は、それを逆手に取ります。「そんなのやらなくていい」「キリストについて行けばよい」と。つまりキリスト教は、まさに歴史という概念をユダヤ教から取り込み、そして歴史は未来に行くんだという形で明確にしました。これはやがて「千年王国論◆45」という形でキリスト教の中に強く根づいていく。ヨーロッパの歴史学は、この未来に向かっていることを説明しなければならなくなった。確かに、こうした未来がないと世界史という概念は出てきません。そこには、なぜかすべての歴史が通る歴史法則のようなものがあるという考え方です。

しかし、そこにもっとすごい3番目の預言者の登場です。7世紀にマホメットがやって来た。モーセ、キリストではなく、本当の預言者はマホメットだった。ちなみに『コーラン』を読んでいると、ユダヤ教、キリスト教のことも全部書いてあります。ここでユダヤ教もキリスト教もすべて勉強できる。『旧約聖書』も『新約聖書』も入っています。

◆44 **モーセ五書**　創世記、出エジプト記、レビ記、民数記、申命記のことを指す。
◆45 **千年王国論**　諸悪の時代が終わり、神の時代が到来するというキリスト教の終末論。

「これだけでは不十分だったんだ。最終的にあなたがやるんだ」と神アッラーはモハメットに命じるわけです。ここで、イスラム的な歴史学というものが出てきた。これは、やがてルネサンスになってヨーロッパに入ってきます。

『共産党宣言』というタイトルから見て、おそらく共産主義のことが書いてある本だと考える。しかし、そんなことは何も書かれていません。共産主義という未来のことは何も書かれていないのです。その点、マルクスはユダヤ人的なところがある。ユダヤ教にとっては、預言者はモーセだけです。それ以外の預言者はいない。マルクスも預言者ではない。マルクスはきわめて冷静に世界を分析するが、未来社会を誘うモーセの役割は拒否する。自分の分相応をわきまえている。だから、未来については一切書きません。何を書いているかというと、今の状態について書く。将来、どんな世界が生まれるかは書かない。ここは徹底しているのです。

学問は預言ではない

このマルクスの自らが預言者になることを禁じる厳しい姿勢というのは、実は重要な問題を含んでいます。つまり学問は、預言なのかどうかという問題です。

そこには、私たちの過去が含んだ様々な問題があります。「未来はこうなるよ」と言ってしまったら、実は未来の可能性がなくなる。ですから、原始共産制、古代奴隷制、封建制、資本主義、ここまではマルクスはしっかり説明します。でも、その後の社会主義、共産主義についての説明は弱いのです。弱いというか、そこまで言えないのです。だから、レーニン[46]や毛沢東[47]は困ってしまったわけです。

それでは『共産党宣言』にいきましょう。この作品は、本当にコンパクトで、ある意味でここまでで問題にしたことを、少しやりすぎというくらいにまとめています。使うのは私が翻訳した『新訳　共産党宣言』です。分厚い本になっています。「おいおい、『共産党宣言』って、薄い本だと思ったのに、お前、ひょっとして書き足したな」と。書き足したら、私は明日からマホメットです。マルクスも頑張ってくれた。キリストも頑張ってくれた。もう彼らの仕事は終わりで、ここからは私でいきますからね。

『共産党宣言』は短いパンフレットで、原書の初版は23ページです。翻訳が入るとこれだけのものになるのです。しかし、私は本当におせっかいというか、ある意味で親切なのです。これを読んだら、今の学生たちは卒倒するだろうと思われます。学生たちに声に出して読ませることがあります。声に出して読むのは、とても重要です。日本語で読ませたのですが、有名な冒頭部分には「ヨーロッパではひとつの亡霊がうろついている。それは共産主義の亡霊である。旧いヨーロッパのすべての権力はこの亡霊に対して神聖な取り締まりを行うべく団結している。その団結とは、法王とツァー、メッテルニヒ[48]とギゾー[49]、フランスの急進派とドイツの警察であ

◆46 **レーニン**　（1870～1924）ロシア革命を主導した人物。
◆47 **毛沢東**　（1893～1976）中華人民共和国の創設者。
◆48 **メッテルニヒ**　（1773～1859）。オーストリア帝国の宰相。
◆49 **ギゾー**　（1787～1874）。フランスの政治家。

る」◆50とあります。

しかし、学生の多くはこれらの人物名を聞いても、ほとんどわかりません。たとえば「フランスの当時の国王は誰だ?」「オーストリアを支配している家系は?」。「……(無言)……」。こんな状態ですから、最初から説明する必要がある。この1行を説明するだけで数ページにもなる。

これらの人物名以上に大変なのはレトリックです。冒頭の「亡霊」という言葉。これはハムレットに掛けられているのです。しかしまたここで、「先生、ハムレットって何ですか?」となる。「じゃあシェイクスピア◆51って知ってるか?」。無言。「じゃあ、ハムレットはどこの国の人間?」――。これでは一歩も先に進まないので、しっかりと注釈をつけるしかないのです。そこで、この訳書では『ハムレット』の大まかなストーリーを説明しています。

『宣言』の第3章は「社会主義と共産主義の文献」です。その中に「封建的社会主義」という言葉が出てきます。しかし、「封建制」と「社会主義」という相矛盾するものが並んでいて、これがわかる者などいない。その上、知らない名前が出てきて、何がなんだかさっぱりわからないのです。だから、これを説明しないと今の人には読めない。なぜ、こんなことまでやらないといけないのかというと、世界における教養主義の崩壊に原因があります。教養主義が崩壊したことで、このような本が読めなくなったのです。読ませるにはどうすべきか? 注釈をつける。だから、23ページのパンフレットが480ページもの分厚い本になるわけです。

階級対立と宗教

第1章を見てみましょう。この章の素晴らしい点は、マルクスの「世界史」という概念の説明の仕方にあります。彼の有名な文章がここに出ています。

「これまですべての社会の歴史は階級闘争の歴史である」◆52

複雑な歴史をこんなに単純な言葉で説明しているわけです。

マルクスはここで二項対立のいわゆるマニ教◆53のやり方をうまく使っています。宗教が発展するには、この二項対立が一番有効です。たとえば、神に対する敵としての悪魔。しかし、一神教では本来は悪魔などありようがない。理論的にそうなるのです。なぜなら、神は善である。善なるものに悪があるわけがない。善なる神がつくった世界には、理論的には善しかない。悪が生まれる余地はないのです。もしあったとしたら、「どこから悪が生まれたの？　それはどうして生まれたの？」という点を説明しなければならない。

しかし、善しかなければ、つまり悪がなかったら、宗教なんて信仰する者はいない。みんなのうのうと生きていくだけです。今のわれわれのようなものです。だって資本主義の世界は神

◆50 『新訳　共産党宣言』的場昭弘訳・著、作品社、2010年、42ページ
◆51 **シェイクスピア**　（1564〜1616）。イギリスの作家。
◆52 前掲書、43ページ
◆53 **マニ教**　3世紀のマニが創始した二元論的宗教。

のように素晴らしい世界なのでしょう?　幸せで他には何も要らない。宗教もマルクスも要らない。最高に幸せなのだから……。

しかし、現実はそうではない。それを気づかせるには、恐怖のどん底に落とさないといけない。恐怖のどん底とは何かというと、「あなたには悪霊がついています」。これです。「ええ?」となりますよね。「悪霊を振り落とすには、私たちの宗教に入ればいい」とくる。宗教というのは、だいたいいつもこの手を使う。しかし、本来これを使ったら、神が善であることが崩壊する。だから、ユダヤ教もキリスト教も、本来、悪魔を呼び出してはいけない。この手は使えないんだけれども、使わないと信者は増えない。

神と悪の対立が世界を未来へ向かわせる

ユダヤ教と並んで発展した宗教にゾロアスター教◆54があります。ゾロアスター教は基本的に二項対立です。いわゆる神と悪魔との対立がある。最初からそうなっている。神と悪魔は同時に存在する。この神というのは「マズダー」で、これが悪の大将である「アングラ・マイシュ」と戦って、最終的に神が勝つ。勝つのですが、この世界には最初からこの対立があるわけです。悪魔がどこから来たかという問題はおいておいて、神と悪魔は最初からいた。だから、最初から二項対立の世界である。そうすると、当然ながら、この宗教はわかりやすい。仏教の世界にも、キリスト教の世界にも大きな影響を与えた。あらゆる宗教がゾロアスター教の影響を受けたといえる。神と悪の二項対立というスタンスが、きわめてわかりやすいからです。

キリスト教の中のグノーシス派◆55という初期キリスト教の一派は、ゾロアスター教の影響を強く受けました。

はっきりいえば、悪魔というものを登場させないと、私たちの世界が未来に向かって進む意味が説明できない。これ以外の説明があるとすれば、自己発展という方法です。つまり、私たちの世界はすべてが善であるが、善から遠い人はいる。善から遠い人を救うのが、本来のユダヤ教、キリスト教なのです。善から遠い人を善に近づける。しかし、善から遠いというのでは、インパクトに欠ける。大きな力になりえない。むしろ、悪を決めたほうがインパクトがある。

しかし、善に対する悪をおいたらグノーシス派になる。そこでイエス・キリストのキリスト教は、10世紀ぐらい経つと、徹底してグノーシス派、マニ教を、ヨーロッパでつぶすわけです。これが異端派◆56への弾圧です。

行きすぎた宗教――グノーシス派

この世界には、上位の世界と下位の世界が最初からある。下位の世界は、われわれ俗界の物質界です。われわれのこの世界は下の世界であって、上の世界ではありません。品がよくない、

◆54 **ゾロアスター教**　古代ペルシアを起源とする二元論的宗教。
◆55 **グノーシス派**　1世紀に生まれた二元論的宗教。
◆56 **異端派**　ローマを中心とする正統派に対するアリウス派などの宗派を指す。

下位の世界です。上の世界は一つの対になっているわけですが、その対の一つが下に落ちてしまうわけです。落ちたのは何かというと、上位の世界で一番下のほうにいたソフィア（知性）です。この女性が夫と別れて地上に落ちてきて、〝情念〟と遭遇します。天上界にあった知性というイデアは、地上界の邪悪な世界、情念の世界と一緒になる。そして、この世界を不幸に陥れます。でも、ソフィアはやがて天上界に戻らなければいけないのです。

天上界に戻るとは、汚い物質界を捨てて、つまり早く死んで、天上界に行くことです。だからグノーシス主義は、ある意味で行きすぎた宗教です。よりよい世界で生きるという意味が、あの世で生きる（死ぬ）ということであれば、未来は暗い。

しかしキリスト教は、地上の世界に意味を持たせる。悪魔のいる邪悪な世界でも、地上に生きる意味はある。キリスト教も実はうまく悪魔を出してくる。悪魔は、よき天使から生まれてくる。よき天使の堕落から生まれるわけです。このよき天使が、悪い天使になったが、グノーシス派のように天上に戻ることはない。そのまま地上にいついて、神と悪との対抗関係をつくります。この対抗関係を使って地上における悪の克服を宗教が行なう。こうして、やがて地上における神の世界が実現する。これが歴史となるわけです。

二つの力の対抗関係は、運動を説明するには非常に都合がいい。なぜ都合がいいかというと、一つの敵をつくれば、それに対抗する運動が歴史になるからです。

世界史の方法――『宣言』と二項対立

以上の異端派の説明を踏まえれば、マルクスの方法がより鮮明になります。『共産党宣言』の中のプロレタリアートとブルジョアとの階級闘争という概念は、こうした対立図式と似て、非常に明快です。『宣言』を読むプロレタリアにとって、自らは善で、ブルジョアは悪です。こうした対立は昔からずっとあった。もちろん過去の対立は、この二つの階級対立ほど明確ではなかった。しかし、今、私たちを支配するのはブルジョアであり、やがて彼らは駆逐されねばならない。そして、私たちプロレタリアの世界が来るだろうと述べる。きわめて宗教的な発想です。

もっともこれだけであれば、マニ教と同じでしょう。つまりプロレタリアートが戦って、そしてプロレタリアの世界をつくる。しかし、次の点で大きく異なります。

実は、こうした対立を生み出したのは、生産力である。二つの階級対立は、底辺に生産力と生産諸関係の世界を持っている。生産力と生産諸関係の世界が、私たちにこのようなブルジョアとプロレタリアの対立を生み出す。それ以前の様々な階級対立も、みんなそうです。たとえば自由民と平民、これはギリシャ・ローマ時代です。領主と農奴というのは封建制の時代で、こちらは中世です。このような階級間の対立は、それぞれの時代における生産力と生産諸関係の照応において成り立っていたわけです。

ただし、近代社会のブルジョアとプロレタリアとの対立は、これまでとはまったく違う点がある。これまでは非常にローカルな地域で、生産力と生産諸関係が動いていた。しかし、資本主義はその地方性を打ち砕いた。資本の自己運動は地域性を超え、一気に世界へと飛躍した。資本主義は世界市場というものを取り込むことで「世界史」をつくった。それまでの地域的国境を超えることで、ブルジョアとプロレタリアとの関係は世界史となる。資本主義は必然的に世界市場をつくることで、個々の歴史を世界の歴史に変えた。まさに資本主義世界の登場が、世界史の始まりになったのです。

資本主義と世界市場――人も土地も世界史の一コマになる

資本主義は世界市場がなくては、生きられません。世界市場がなぜ必要なのかというと、そもそも資本主義は市場の拡大を図り、より多くの利益を得ることを目的とするからです。最初から資本主義は、国内市場を超えて世界とつながっています。だからこそ、後進諸国は簡単に先進国になれないわけです。世界の歴史は一つの流れとして進む。ある国やある人が豊かであることは、ある国やある人が貧しいということと表裏の関係である。世界市場では、強い者が弱い者を押さえつけ搾取していく。そうすることで、世界市場が拡大し、市場の拡大によって生産力が増大し、それがやがてある結果をもたらす。

資本主義社会には次のような特徴があります。資本主義社会は生産力を増大させる。そして、世界を一つにする。さらに、各地域や国家という概念はなくなる。ここでマルクスは世界市場をうまく説明しています。

今までお米をつくっていた地域が、世界市場の変化でカカオの生産地に変えられる。ちょうど今から10年ほど前、リーマンショックの3～4か月前でした。２００８年3月と4月に、世界中でお米が高騰し、「米暴動」が起こったのです。お米を買えない人たちが暴動を起こしました。どこで起こったか。アフリカ、たとえばコートジボアールです。その理由はこうです。

コートジボアールではお米をつくっていない。でも、お米を食べている。なぜつくっていないかというと、あるときから、ヨーロッパ人のためのカカオの生産地になった。だから、カカオはたくさんつくっているが、お米を生産していない。農業が世界市場に組み込まれてしまった。ブラジルだって、昔からコーヒーをつくっていたわけではない。コーヒーが世界市場の商品作物として外部から移入された。資本主義に組み込まれると、その地域がもともと何であれ、それまでとは縁もゆかりもないものをつくらされることになる。それぞれの地域の特性や過去の歴史をズタズタにされ、世界市場の中の分業に組み込まれていく。もちろん分業が進んでいくと、「もとからわが国はコーヒーの生産地だった」などと誤解することになる。

しかし、それは錯覚なのです。こうして、一つの世界ができ上がっていき、どの人間もどの地域も、それぞれの個性が失われ、世界史の中の一つのコマになる。

世界文学の登場——イランのシェイクスピア？

ここで先ほどのシェイクスピアです。シェイクスピアは、世界市場、その結果としての「世界文学」が成立して以後の初めての世界スターなのです。

もし、世界文学がイランから始まったらどうでしょう。しかし、イランの作家を知っている人はほとんどいない。もし、たまたま資本主義がイギリスではなくてイランから始まっていたら、イラン文学にシェイクスピアがいたはずである。世界文学がヨーロッパ資本主義から生まれたことで、ゲーテ[57]、シェイクスピアという、いわゆるヨーロッパのローカルスターが、世界スターになっていきます。

同じことは現在でもいえます。驚く必要などはありません。たとえば、アメリカの俳優ハリソン・フォードは、アメリカのローカルスターだけれども、世界中の映画館で観られることで、世界のスターである。ハリウッドの巨大な資本力によって、世界スターになれる。

マルクスは皮肉にも、「世界文学はヨーロッパ文学である」と述べている。それはゲーテであり、ルソー[58]であり、シェイクスピアであり、バルザック[59]なのです。

昭和30年代にあまた刊行された「世界文学全集」は、われわれの世代にとって懐かしいものです。「百科事典」や「世界文学全集」が大流行して、よく読まれました。今は学生にユゴー[60]やバルザックの名前を聞いてみても、さっぱり知らない。これは世界文学だから読むべきであるということが、通じなくなっている。

しかし、よく考えたら、あの数々の「世界文学全集」は、ヨーロッパが華やかなりし頃につくり上げられたものを、当時の日本人がよく考えもしないで「これぞ世界文学だ」と思い込み、それらを読むことが「教養」だと思ったにすぎない。現在では、かつて資本主義の発展を牛耳っていたイギリスやフランスの影が薄くなって、その魔力が失せただけです。教養主義の崩壊というのは、こうしたものの反映でもあるわけです。

資本主義崩壊のとき——資本主義の墓掘人

ここでマルクスは、資本主義下の人々の不幸をこう表現しています。

魔法で地下から悪魔を呼び出し、その悪魔を元に戻せなくなって、逆に悪魔に支配される人たちに似ている、◆61と言うのです。

◆57 **ゲーテ**　ヨハン・ヴォルフガング・フォン・ゲーテ（1749〜1832）ドイツを代表する作家、詩人、自然科学者、政治家。代表作は『ファウスト』『若きウェルテルの悩み』。

◆58 **ルソー**　ジャン＝ジャック・ルソー（1712〜78）スイス・ジュネーヴに生まれ、フランスで活躍した哲学者、作家。主著に『社会契約論』『エミール』などがある。

◆59 **バルザック**　オノレ・ド・バルザック（1799〜1850）フランスの作家。『ゴリオ爺さん』『谷間の百合』などは19世紀を代表する小説。

◆60 **ユゴー**　ヴィクトル・ユゴー（1802〜85）フランスの作家。代表作は『レ・ミゼラブル』。

◆61「近代ブルジョワ社会は、自らが魔法で導き出した地底の力をもはや支配することができなくなった魔法使いに似ている」『新訳 共産党宣言』前掲書、48ページ生産力という悪魔を自らコントロールできなくなった資本主義は、止めようがなくなる。西洋はこの生産力の悪魔の旨みを知った。しかし、それはやがて崩壊へと至り、まったく違う世界に移るのだということです。

それは生産力の悪魔が、それに対抗できなくなった生産諸関係と矛盾を起こし、プロレタリアとブルジョアとの闘争に火をつけるからです。その闘争は、様々な形で進む。その闘争の中で、皮肉にもブルジョアたちの一部もプロレタリアートに教育を施すことで、これを支援することになる。そしてどうなるか？　つまり、今まで虐げられ、痛めつけられた善なる者は、この悪に対してとうとう最後通告を与えるときが来る。まさに公然たる革命へ進んで、いわゆるブルジョア階級はプロレタリアートにその力を移譲せざるをえなくなる。

プロレタリアは、資本主義の「墓掘人」だという表現があります。

「ブルジョア階級の存在と支配のためのもっとも本質的な条件は、富の私的なものの手への蓄積、資本の形成と増殖である。資本の条件は賃労働である。賃労働はとりわけ労働者の競争の上に成り立つ」◆62

資本主義が変化するには二つの方法があるわけです。階級闘争と生産力の発展です。つまり、「大きな産業の発展とともに、ブルジョア階級の足下で、彼らがつくり出した生産の領有様式の土台が崩れる。とりわけ彼らは彼ら自身の墓掘人をつくり出す。ブルジョア階級の崩壊とプロレタリア階級の勝利は同時に避けられないものである」◆63。

革命と経済

しかし、マルクスはここでやっぱり悩むわけです。『共産党宣言』が出るのが１８４８年の革命のときです。しかし、１８４８年革命は最終的に敗北してしまうのです。敗北した反省の結果、革命というのは、労働者、プロレタリアートとブルジョアとの闘争よりも、やはり経済、生産力の問題のほうが重要だと気づく。資本主義の矛盾としての恐慌が、革命の引き金になるのではないかという発想を持ちます。どちらかというと、この経済主義の方向へシフトします。そうなると、労働者による階級闘争という問題が失われていくわけで、すると今度は「何で闘争しなくちゃいけないんだ？」という問題が出てくる。党の問題です。

こうやって『宣言』をざっと見ていますと、一つの見方ができます。つまり、この世界をマルクスはこう理解しているわけです。社会を一つの運動しているものとして捉える。動いている世界として捉える。

アリストテレスの四つの原因――質量因、形相因、目的因、作用因はすでに説明しました。この四つの原因で考えると、運動の原因とはどうなるのか？

基本的に作用因というのは、どちらかというと生産力であり、生産力は放っておいたら止ま

◆62『新訳　共産党宣言』前掲書、55ページ
◆63 前掲書、55ページ

らない。これはある意味で自己運動である。しかし、この作用因たる生産力が自己運動をすることによって、資本主義は無政府的になっている。そこで、これを乗り越える目的因が必要になる。この世界を変えて新しい世界をつくるということが目的因となる。では、目的因をつくるのは誰なのか？　それはプロレタリアートである。そうした流れをつくることが『宣言』の内容でもあるのです。

明治維新と世界市場――ペリーはなぜやって来たのか？

世界の様々な出来事を考えると、個々別個に起こって何の脈絡もないように見える。なぜ、オスマントルコが崩壊したのか？　なぜ、清朝は崩壊したのか？

また、なぜ日本が開国したのか？　ペリーがやって来たからというのは、実は説明にはならない。世界全体で見る。そうすると、実はつながっていることがわかるのです。つまり、19世紀のロシア封じ込めがその理由である。当時、ちょうどクリミア戦争（1853～56年）の時期です。クリミア戦争で、イギリスとフランスがクリミアでロシアに対する封じ込めをやった。他方、カナダとアメリカがアジアのほうでそれを支援する。それがペリーの来航という形をとる。こうした運動は、先進資本主義国による、新たに勃興する資本主義国に対する市場封鎖といえるわけです。

それがたまたま日本の開国、勤皇の志士、そして明治維新という流れを生み出す。たとえば、こうやって歴史を見ていくと、どう見えるか？　清やアヘン戦争（１８４０〜42年）の動きも重要です。当時の勘のいい武士はアヘン戦争の話を聞いたときに、ふっと「次は自分たちだ」と感じた。これは素晴らしい感覚です。彼らはこう考えました。「西洋列強がアジアを自分たちの植民地にしつつある。アヘン戦争によって中国（清朝）は完全に植民地化している。やがて自分たちもそうなる。世界は全体が世界史として動いているんだ。この世界史に対して自分たちが生き延びるためにどうしたらいいか？」。まさに当時の武士はこう理解した。それまで「尊皇攘夷」などと言っていたのが、いつの間にか、攘夷運動で外国人と戦うという発想ではなく、天皇を中心とした国家統一と西洋列強に対する防衛ということに変わっていく。まさに世界史に組み入れられた日本を理解し、世界史の中で一発逆転を図ろうじゃないかというわけです。

ちょうどその頃、マルクスも「世界市場」という視点で世界を見ていた。もちろん勤皇の志士たちが、マルクスの本などを読んでいたわけではないのですが、たちどころに世界と日本のあり方を理解する教養の深さというのは、素晴らしいものがあるのです。

当然ながら、ここに出てくる問題は、世界史の中で個々の国の歴史をどう捉えるかということです。歴史というものは、世界全体で動いています。個々の歴史は、意外なところで遠い国と関係しています。こうした動きというものを考えると、現在の世界も、たとえ別個に様々な形で動いているように見えても、どこかでつながっている。「マルクスなんて、もう古いよ」と考えないでください。マルクスは、こうした動きを世界市場、資本主義の流れとして、きわめて正確に捉えているのです。どんな出来事にも、その背後に大きな一つの流れがある。そこで、序章で指摘したことの意味が見えてきたと思います。

たとえば、遠くウクライナの隣国モルダビアで動いている事件は、尖閣諸島の事件と関係しているかもしれないという発想。何らかのアナロジーをたくましくすることによって見えてくる。そうした類推の一つの方法がマルクスの方法で、マルクスはこれを資本主義の運動として捉えていました。

全体を見る目——世界の「複雑な傾向」をつかむ

今現在もこの資本の論理は貫徹しています。たとえば、2015年頃の石油価格が下がっていた問題で、誰がどう仕掛けて何をやっているのか。そのことによってシェールガスが今はかなり封じ込められている。シェールガスに投資していたスイスの会社がつぶれそうである。この問題とドイツの難民の問題、ウクライナの問題は、何らかの形でやはりつながっています。こうしたつながりをあらかじめ勉強して見ておかないと、新聞を見ても何を見ても、情報がただ別個に並べられてあるだけです。「マルクスに従え」と言うのではありません。マルクスは一つの方法を提示しているということです。それに学ばない手はない。

先ほどの遅塚氏は、歴史の方法について、マルクスについて、概ね次のように述べています。

「マルクスの歴史法則論などというものは、がんじがらめの法則として見るのは愚かな話でバカバカしい。しかしながら、歴史に一つの傾向があることはある。しかし、一つではない。これはたくさんの複雑な傾向なんだ。これはわかる。複雑な傾向を見つけなければいけない。ただし今でも、マルクスの生産力の見方というのは、100%正しいとはいえないけれども、非常に説得力のある見解であり、「もう古い」といって否定するべきではない」

こうした見方を参照しながら、これ以外の原因を探るべきであるというような言い方を遅塚氏はしていますが、さすがフランス・ブルジョア革命説に固執する遅塚氏らしい見解です。

みなさん、遅塚氏の本をお読みください。

フランス革命をしっかりと見る

フランス革命には、現在、二つの見方があります。まず「フランス革命修正説◆64」。これは現代の歴史家フランソワ・フュレ（1927～97）やモナ・オズーフ（1931～）の見方ですが、他方、先にも触れたように、遅塚氏は「ブルジョア革命説」にこだわっていて、最期の最期、亡くなるまで死守しました。「何でロベスピエールが悪いんだ?」と主張するのは勇気が要りますよ。ロベスピエールを評価するのは、フランスではタブーだったのです。

なぜ、ロベスピエールが国家テロリズムに走ったか？

◆64 **フランス革命修正説**　フランス革命を「ブルジョア革命」と見なす歴史観を否定する説。

現在では、フランス革命は長い歴史過程の結果にすぎないと考える人がいます。ブルジョア革命というショッキングな出来事ではなく、すでに始まっていた長い革命、中央集権と官僚制の結果である、と。

たとえば、フランソワ・フュレ。彼は元フランス共産党員ですが、修正主義に鞍替えして、共産党を批判します。そして彼が一番重要視するのは、マルクスではなくてトクヴィルです。アレクシ・ド・トクヴィル◆65こそ、フランス革命の真実を見ていると。

トクヴィルは「フランス革命は１７８９年から91年まででよかった、後はダメだ」と述べた人です。なぜダメなのか。ロベスピエールが悪いものに変えたからだ、と。ロベスピエールは独裁政治で国家主義的である。これと同じことがソビエトで起こっている。ソビエトがなぜダメになったのかというと、まさにここなのです。

フランス革命は、近代社会の問題、すなわち官僚主義を貫徹した。官僚主義は、特定の身分によらずに、すべての人に官僚という職を開く。この官僚主義は、近代民主主義の基礎となる。近代民主主義は、すべての人に政治的自由を与えることで、政治家や官僚の地位に扉を開く形で、それまでの身分制社会を打ち砕いた。民主主義、官僚制が生み出したものに、個人の自由を媒介にした資本主義がある。近代主義とは、すべて資本主義、市民社会体制であり、歴史はここである意味終わっているのだという考えです。だから、その後の歴史は徒花《あだばな》になる。

彼ら「修正説」派は、フランス革命がブルジョア革命＝市民革命ではなく、政治的自由の革命であれば、それは最終革命である。だから、それ以後の革命などない。ブルジョア革命がなくなれば、それを打倒するプロレタリア革命などない。これはもはや、歴史の徒花にすぎないと考える。

マルクスは、逆にフランス革命は不完全な革命であり、それは次の革命を引き起こすと考えるのですが、それが成立しなくなる。１９８９年のベルリンの壁の崩壊とフランス革命２００年は、資本主義の一人勝ちを喧伝《けんでん》する形で、学問の世界を大きく変えた。多くの学者が「資本主義は人類史の最後だ」という考えに乗った。

しかしよく考えたら、これはおかしい。私はこの修正説をまったくの間違いだとは思いませんが、肝心な部分を忘れていると思います。「政治的自由」と「経済的平等」の問題です。平等が実現されなかった問題は19世紀に残された。これが解決されないと、人類史の終焉「歴史の終わり」などない。

このあたりの問題は、拙著『革命再考』（角川新書、２０１７年）を見てください。

◆**65 アレクシ・ド・トクヴィル**（１８０５〜59）フランスの政治家、思想家。『アメリカのデモクラシー』（１８３５〜40年、岩波文庫）は近代民主主義思想の古典とされる。

第2章

弁証法で現代世界を読み解く

2015年、パリのテロ事件

2015年11月13日の「パリ同時多発テロ事件」[66]は、晴天の霹靂《へきれき》というか、それ自体を見れば大きなテロです。しかし、この年1年を少し振り返ってみると、1月にも「シャルリー・エブド事件」[67]がありました。私はちょうどその数日後にパリに入りましたが、当然ながらテロの後ですから、この問題に非常に敏感でした。その頃、一種の運動が盛り上がります。「私もシャルリー・エブドのやり方に賛成する」という挙国一致の運動です。

事件の発端は、その何年も前からあった、マホメットの戯画を描いてもいいかという問題でした。当時のフランス大統領オランド[68]とドイツのメルケル首相[69]、イギリスのキャメロン首相[70]がパリに集まり、共和国広場からバスティーユ広場まで行進をして、「反テロ」を訴えたわけです。それは絶頂状態でした。しかし、すぐに冷めます。

えらく早く冷めた理由は何かといえば、これがその後の一連のテロと同質のものかどうかという問題です。シャルリー・エブド事件は、ある意味で個人的憎悪という感じもします。どちらかというと、跳ね上がりの若者たちの行動のようにも見える。しかしながら、政治家は目ざとい。すでに支持率が20%を切っていた当時のオランド大統領は、これは千載一遇のチャンスと思い、一気にマスコミで騒ぎ立てて、愛国心を煽る。そして、ある意味では他の政党をつぶす作戦に出る。こういう状況にフランス国民は冷めたのです。テロを憎むことと、それを利用する人々がいるということは、分けて考えなければならない問題です。

こうした問題に関しては、ナイーブになりすぎ、冷静な判断が感情論に流される危険があります。相手が憎い、だから相手を悪そのもの、自らを正義だと判断しかねません。こうなると世の中の動きをしっかりと捉えることができなくなり、ジンゴイズム（愛国主義）の手先として利用されかねません。

案の定、これを理由に挙国一致の祭典が議会で行なわれました。ベルサイユ宮殿の議事堂で、両院を集めての大統領演説です。オランドは40分にわたって演説をしました。この演説の内容や意味よりも、ドラマ仕立てに仕上げられた演出が問題です。一つのショーが展開されたといえます。オランドが議事堂に入るまでの風景を撮りながら、議場に入るやいなや全員総立ち。緊張の中での演説。終わった後の「フランス万歳」と、国歌斉唱――。

これはある意味での「総力戦状態」です。

◆**66 パリ同時多発テロ事件**　イスラム国のジハード主義者が起こしたとされる死者130名、負傷者300名以上の被害を招いたテロ事件。

◆**67 シャルリー・エブド事件**　2015年1月7日、フランス・パリの出版社シャルリー・エブド本社を武装・覆面した犯人が襲撃、10数人を殺害した事件。

◆**68 オランド**　フランソワ・オランド（1954〜）フランスの政治家。

◆**69 メルケル**　アンゲラ・メルケル（1954〜）ドイツの政治家。2005年より首相。

◆**70 キャメロン**　デーヴィッド・キャメロン（1966〜）イギリスの政治家。

民主主義には権力の穴がある

『1984年』（1949年、ハヤカワ文庫）というジョージ・オーウェル[71]の小説の中では、「2分間憎悪」という言葉が出てきます。一日に一度、必ず交戦国に対して憎悪の言葉を2分間述べ続けるという時間のことです。交戦国はしばしば変わるとしても、つねに憎悪すべき敵が必要であり、その敵を呪うことで自らを清める儀式といったほうがいいでしょうか。政権を維持しようとする者は、国民の憎悪をある敵に対して向けさせようとする。それが最も手っ取り早い方法です。相手の言い分などはまったく関知しない。敵は100％純粋の悪というわけです。

民主主義は、長い間ある問題に悩んできました。それはカール・シュミット[72]も『現代議会主義の精神的状況』（1923年、岩波文庫）の中で述べていることですが、議会制民主主義にはある盲点があるということです。その盲点というのは、議会制民主主義は緊急の状態、戒厳令の状態では機能しないということです。そもそも戒厳令というのは、民主的条項が一時棚上げされ、軍事状態が実現することをいいます。問題は、なぜそうなるかということにあります。

オランドが演説で述べたのは、フランス憲法16条についてです。これは、大統領に全権が移譲されることを規定しています。第四共和政では、大統領の権限を制限したことで、アルジェリア戦争（1954〜62年）に対処できなかった。そのため、第五共和政の憲法では、16条に大統領に権限が集中する場合をおいたわけです。これは、緊急時には一時的に民主的手続きが効力を失うという項目です。戦時中、ペタン[◆73]がナチスに協力したことに対する反省として、第四共和政では大統領権限が制限されました。権限を大統領ではなく、議会に預ける。

これは、何度もフランスでは問題になってきたことです。フランス革命の後のテルミドールの反動の後、執政官を複数にして独裁を牽制したこと、1848年革命の後、第二共和政憲法で議会の権力を強くしたことなどもそれに該当します。

しかし、いずれも二人のナポレオンに蹂躙《じゅうりん》されます。それはナポレオン・ボナパルト（1769～1821）とその甥のルイ・ボナパルト（1808～73、ナポレオン三世）です。

確かに議会中心だとすると、アルジェリア戦争のような戦争が起きた場合には、手の施しようがないわけです。「さあ今から議会にかけて、戦争する？　しない？」と、議論は3日も4日も続きます。戦争時には効力を発揮しない。こうしてアルジェリア戦争の後に、大統領権限をもう少し強化する憲法を作成することになります。これが第五共和政です。憲法を変えたのです。

最近、この第五共和政憲法を変えようとした人物がいました。サルコジ[◆74]元大統領です。サル

◆71 ジョージ・オーウェル　（1903～50）イギリスの作家・ジャーナリスト。

◆72 カール・シュミット　（1888～1985）ドイツの法学者・政治学者。

◆73 ペタン　フィリップ・ペタン（1856～1951）フランスの軍人・政治家。第三共和政最後の首相、後にヴィシー政権（フランス国）の首席。

◆74 サルコジ　ニコラ・サルコジ（1955～）フランスの政治家。

コジは２００７年に権力を握った後、早速変えようとしました。しかし、これに反対した男がいたのです。それがこのオランドです。オランドはサルコジが変えようとした憲法に対して真っ向から反対しました。そのオランドが、何年か時が経って、大統領に権限を集中しようという演説をしたわけです。

まさに、それにはこのテロ問題が深く関係しています。今回テロ事件の起こった、シャロンヌというメトロの駅は、皮肉なことにアルジェリア戦争と深い関係があります。今を去ること50年以上前、当時第五共和政で権力を集中したド・ゴール大統領[◆75]は、緊急令を出しました。その緊急令というのは、アルジェリア戦争に反対する者は、片っ端から検挙するというものでした。それに反対したフランス共産党とフランス社会党の党員が、シャロンヌでデモをやったわけです。そこで警官隊がデモ隊に機関銃を射ち、何人かが死んだのです。

ところが、今回はその場所でテロがあった。そしてド・ゴールと同じく、大統領権限を強化しようというわけです。１９６０年代当時、社会党はド・ゴールの強権発動に反対する立場にいたのですが、今回は、その社会党のオランド大統領が権力を強化しようとしているわけです。

本章では、この「民主主義の穴」という問題に焦点を絞ります。

なぜ権力強化が起こるのか？

２００１年の「９・11」のときにも、私たちはアメリカで同じことに遭遇しました。「パトリオット・アクト（米国愛国者法）」という法律ができ、アラブ人を予見拘束できるようになった。そしてグァンタナモ[76]の収容所に移送する。警察ではなく軍が捕まえるので、軍法会議という閉鎖的世界で判決が決まるわけです。憲兵が民間人を逮捕するようになれば、もはや「戒厳令」ということになります。

フランスの第五共和政憲法16条を読んでみましょう。

「共和国の制度、国民の独立、国土の全体、あるいは国際的契約の遂行が、重大で直接的な方法で脅威を受ける時」、要するに国家が危機に陥った場合ということです。「立憲的な公権力の通常の機能が中断される時」というのは、国会議事堂、首相官邸に爆弾が落ちるといった異常事態です。そのような場合に、「共和国大統領は、首相、国民議会議長、憲法委員会に公的に相談した後、こうした状況で必要とされる処置を一人で勝手に行なえる」となっています。

しかし、それには一応歯止めがかかっています。大統領は、それを国民にメッセージとして伝えなければいけません。そして国会を開いて、国会で最終的には決めなければなりません。「最終的には国民議会は例外的執行権の遂行の間、解散することはできない」。要は、国会が最終的に決定します。だから「戦争するか、しないか」について、「即、大統領判断でやろう」

◆**75 ド・ゴール大統領**　シャルル・ド・ゴール（1890〜1970）フランスの軍人・政治家。
◆**76 グァンタナモ**　キューバ南東部に位置する港湾地。1903年以来、アメリカがキューバ政府から租借し、米軍基地を置いている。「9・11」のテロを受け、02年からアフガニスタン、イラクなどで拘束した者を収容するキャンプを同地の米軍基地内に設置している。

という決定ができないということなのです。

民主憲法にはアキレス腱がある

憲法がこうした規定をしっかりとつくることは結構なことですが、憲法に縛られた大統領がおとなしくしているかというと、実はそうはならないのです。当然ながら、権力を自分のものにし、大統領を辞めたくない人間は、大統領になった途端、自分の在職中に憲法を変えようと考えます。

ナポレオン・ボナパルトは、クーデターを行ない、権力を握った。その甥ルイ・ナポレオンも大統領になって、わずか1～2年の間に憲法改正のためにクーデターを起こし、憲法を変えました。その後、どうなったか？　叔父のナポレオン・ボナパルト同様に、独裁者になったわけです。もっとも、独裁者という言い方は正しくないかもしれません。正式には皇帝になりました。もちろん、議会はあるのです。しかし、権限が皇帝に集中している。叔父のナポレオンの体制を第一帝政、その甥の体制を第二帝政という。結局、憲法はズタズタになった。次はペタンのときです。その次がド・ゴールなのです。

なぜ、こうなるのかが問題なのです。私たちはどうしても民主主義というものの長所だけを考えるのですが、そこには致命的な欠陥があるわけです。その致命的欠陥というのは、古い時代にまでさかのぼることでわかります。

神の命を受けた王権政治とニュートン

私たちの祖先が、なぜ民主主義という制度を採ってこなかったのかというと、それは今と世界観がまったく違っていたからです。まず、この世界を神が与えてくれたものだと考える。すべての真理は神にある。だから、神に真理を聞くしかない。人間は真理を知りえないから、政治の執行は無理である。そこで「神権政治」という形で、神の意見を聞く政治形態ができ上がる。神の言葉を勉強すれば、真理に到達できると考えたわけです。ですから、ヨーロッパにしろ、アジアにしろ、基本的に皇帝または国王は、神の命を受けた者として登場します。だからこそ、国王や皇帝は絶対に憲法といったものを認めやしません。「私こそ国家である」◆[77]と言うのです。それはある意味で正しい。国王は神の命を受けているので、他の者と同等の者ではない。特別な存在である。特別な人間は神の啓示を受けているから、真理を知るわけです。こんな状態のままでは、民主的な権利などありえるはずがない。啓示を受ける者に特権が与えられる。

真理が啓示にあれば、啓示を聞くことが真理となる。ニュートンも含めて、多くの学者たちは、この神の啓示を聞こうという形で学問をきわめたわけです。研究とは神の啓示を聞くこと

◆77 **「私こそ国家である」**　フランス、ブルボン王朝のルイ一四世（第三代国王、在位１６４３〜１７１５）が口にしたとされる絶対王政の王権神授説を象徴する言葉。「朕《ちん》は国家なり」という古めかしい表現で知られる。

であった。つまり、凡人がコツコツ勉強をしても、真理に到達できるはずがない。劣った者は、神の啓示を聞くために、毎日身を清めて信仰に励み、神を崇拝し、そして神が自分の頭の中にささやきかけるのを待った。今から考えるとおかしな話ですが、中世までの学問のあり方は、研究対象を深めるよりも、自らの信仰を深めることに意味をおいていたのです。

われわれは真理を失った——相対化の出現

ところが、こうした態度が崩壊していった。崩壊したらどうなるか？　私たちには、神の真理がなくなったのです。その真理は絶対的なものから、相対的なものへと変わっていく。いわば研究者同士の相対的な力関係が真理を決定することになる。実際に私たちの大学や研究者の間における真理というのは、客観的であるようで、実は研究者の評価という時代的な制約を受けた多数決原理によるものにすぎない。研究者の半分以上が「真理だ」と思っていることが、当面の真理となる。だから、学閥などが存在する。要するに「○○大学の先生が言ったことは正しい」という学閥の原理は、相対的権力関係で決まるといっても言いすぎではない。「どの先生が一番正しいことを言っているか」などというのは、その支持者の人数によって決まる。こうなると相対的真理である。だからこそ真理は、次の時代になると変化し、日々どんどん変わっていく。だから、どれが真理かわからなくなってしまう。そんな体たらくの現在よりも、昔のほうがある意味でよかったともいえるわけです。

これを最初に問題にしたのが、フッサール◆78という人物です。フッサールは、私たちの知識がどんどん相対的になるといっているわけです。換言すれば、実験主義的、経験主義的になるということです。あたかもその時代のそう考えられるようなものが真理に見える。それはまるで魔術のようなものです。われわれがその時点で納得するようなことが真理だとすると、真理それ自体があるわけではないということになります。「そう見えるだろう」ということが真理になるならば、真理が定まらない。真理はある意味、対象との関係性の中にしか出てこない。

経験主義、実験主義、功利主義が、今、私たちを覆っています。これらは、「その時代にもっともらしく見えること」を真理の根拠にしている。その思考態度を疑わない限りにおいて、当面それは真理である。まさに、それはもっともらしいものの羅列になる。「だって、今、僕は見たよ。間違いないよ」とみんなが言えば、それは真理となる。実は、説得力が真理をつくっている。それは客観的な真理ではなく、説得力にすぎない。絶対的なものではない。

たとえば、これを憲法に当てはめれば、それは神の決めた正義ではなく、当面その時代から見てもっともらしいと思えるものでできている。民主主義というものは、そうした脆《もろ》いものでできているわけです。最終的には決戦投票で決めるしかないわけです。

◆78 **フッサール**　エトムント・フッサール（1859～1938）オーストリアの哲学者、数学者。彼が提唱した「現象学」は、ハイデガー、サルトル、メルロ＝ポンティなど20世紀の哲学者に多大な影響を与えた。

もちろん、その内容を決定するのは、人々がそう思うだろう正義です。正義を前提にして憲法というものはつくられる。しかし、正義は曖昧である。だからどんどんずれていく。平和時における正義と緊急時における正義は変化する。たいていの憲法は、平和時を前提にしてつくられます。わが日本国憲法も平和時の憲法としてつくられている。しかし、その完璧である平和時の憲法が、緊急時に遭遇するとどうなるかというと、当然ながらあっと言う間にその解釈が変化する。「戦争が起こったのだが、戦争すべきかどうか審議しよう」などとは考えられない。敵がそこにいれば、なし崩しになる。戦時が平和時の真理を破壊する。もちろん、戦争が起こらなくとも、それを想像させるような危機が起これば簡単に変化する。危機を煽るだけでよい。

美しきものの命は短い

ここでマルクスの「ルイ・ボナパルトのブリュメールの18日」（１８５２年）にある名言を見てみましょう。

「海神テティスがアキレウスに、お前は若さの絶頂期に死ぬだろうと予言した。憲法もアキレウスと同じ急所を持っていたので、アキレウスと同じように早死にするだろうという予感を持っていた」◆79

これはギリシャ神話が参照されています。アキレウスは、踵《きびす》（かかと）のアキレス腱として名前を残している。アキレウスは無敵の戦士であった。ある一点を除いて、ほとんど欠点がなかった。たった一つ、足にその欠点を持っていた。

それと同じように、1848年憲法[80]は完璧であった。これほど素晴らしい民主的憲法はなかった。しかし、その憲法には、たった一点、欠点があった。その欠点とは、完璧すぎて「早く憲法を壊してくれ、壊してくれ」と、まるで挑発しているような憲法だった。まさに、わが日本国憲法にそれはよく似ています。自らを壊してくれと挑発する憲法だということです。だから、当然ながらこの憲法は〝若死に〟するだろうと思われていた。案の定、若死にした。

アキレス腱とは何か？――危機は利用される

この欠点こそ「緊急時」という問題なのです。緊急時を利用して、すべての憲法は打ち破られる。緊急時がすぎ去れば、「また平和時が戻ってくるんだから、まあいいじゃないか」ということは、なるほど成り立つ。しかし、ここで解けない問題に遭遇するわけです。つまり、平常時と緊急時において、どうしてその状態が変わるのか。正義や真理が、どうしてかくも脆いのかという問題です。だから、政治家はこれを煽るわけです。

そこで、私と佐藤優氏の共著『国家の危機』（KKベストセラーズ、2011年。新版は『復

◆79 「ルイ・ボナパルトのブリュメール18日」『マルクス＝エンゲルス全集』大月書店、第8巻第一章、128～129ページ

◆80 **1848年憲法**　1848年に制定されたフランスの憲法。1851年、この憲法下で大統領となったルイ・ボナパルトのクーデターで廃止される。

権するマルクス』角川新書、2016年）を見てみましょう。

『国家の危機』というタイトルは、まさにこの問題を議論していたわけです。この本を出版した2011年は、ちょうど東日本大震災の年です。阪神・淡路大震災（1995年）でもそうでしたが、こうした問題が起こると、まずは草の根的な民主運動が起こる。災害援助のネットワークが起き、国家ではなく市民運動が評価されるわけです。国家はこうした事態に対して、大枠では努力できるが、細かいところへは手が届かない。「国家なんかなくたって、民主主義は進むだろう」という期待感が起こります。

しかし実は、逆にこの機に乗じて、国家権力は私たちに国家の威力を見せつけるわけです。これは、ある意味でまったくの逆説です。国家が危機であるがゆえに国家への信頼がゆらぎ、草の根的な民主主義社会が発展するのではなく、その逆の事態が出現する。国家は、この危機を利用してそれを煽り、市民はますます国家へすがるようになるのです。

ここに、これまでの議論の問題がある。2011年の東日本大震災の翌年の選挙で、民主党が大敗し、そして自民党の復権、さらに日本の右傾化という一連の問題を考えると、この東日本大震災は〝大きな役割〟を果たしたということになります。

弁証法で読み解くリーマンショックと大恐慌

さて、ここからこの逆説と「弁証法」の問題に議論を進めてみましょう。

弁証法というと、なにか古臭く感じられるかもしれませんが、実は有事や経済危機などの問題を理解するのに、最も適した方法なのです。一つの大きな話題を問題にしてみましょう。

リーマンショック（２００８年９月）の後、私は朝日新聞のインタビュー[◆81]を受けて、「リーマンショックの解決方法は一つしかない」という話をしたことがあります。当たってほしくないかもしれませんが、恐慌から復興するには相当な時間がかかる。大きさにもよりますが、20年はかかる。もちろん、表面的な繕いであれば数年で済むかもしれない。しかし、ショックの影響が消えて、新たなる発展軌道に乗るためには、数年ではとうてい無理です。リーマンショックは「大恐慌」に近いのであって、「危機」という言葉を使ってこの大きさを小さくしようとも、それは変わらない。解決には長い時間が必要です。

皮肉ですが、復興期間を短くするには戦争しかないともいえる。資本主義経済の経済成長を復活させるには、大規模な「在庫一掃セール」である戦争がてっとり早い方法であることは、今も変わりはありません。すでに10年近くが経過したのですが、ちっともよくなっていない。株価が上がるといったことが問題なのではありません。先進国の経済成長と雇用の増大、景気の浮揚というところにまでは至っていない。

１９２９年の世界大恐慌の教訓があります。フランクリン・ルーズベルト[◆82]が現われて、数年

◆81　インタビュー〈破綻か、労働主体の変革か〉（朝日新聞２００９年２月16日）
◆82　**フランクリン・ルーズベルト**（１８８２〜１９４５）第32代アメリカ大統領（民主党）。

後に選挙で勝利し、ニューディール政策によって大恐慌を克服した。この人為的に乗り越えたというフィクションが、戦後資本主義の「大恐慌は二度と起きない」という神話の出現につながります。しかし、これは正しくない。だってアメリカだけが大恐慌に陥ったのではありませんから、アメリカだけで乗り越えることはできない。最も大きな影響を受けたのは、ドイツや日本であったわけですが、この両国は、最終的には戦争の道を歩んだ。

しかし、一つの神話をつくり上げることは、政策的には重要です。真理ではないけれども「真理のように見えるもの」、これを流布することが重要だというわけです。

実際にアメリカが、大恐慌を乗り越えられたのは、「第二次世界大戦を媒介にしたから」と言ったほうがより真理に近い。案の定、第二次世界大戦が始まった1940年代の初めから、一気に工業生産高が上昇し、景気が上向きます。工場のフル稼働と動員による低賃金労働の強制。こうして、大恐慌で落ち込んだ資本は、利益を回復していく。ショック療法ともいえるわけです。この好況はどこから来たか？　それは戦争です。ですから、「戦争は政治の延長だ」という有名な『戦争論』[◆83]の言葉がありますが、「戦争は経済の延長だ」と言い換えてもよいでしょう。国家は資本のためにそれを遂行する。敵国への憎悪を煽り、人々を戦争へと誘う。

「見えるがまま」は本質を捉えていない

戦争が政治の最終的解決手段であるとすれば、それは経済の最終手段でもある。「過激な宗教が戦争を起こす」という表現は、ある意味わかりやすいわけです。「われわれ」と「彼ら」を分け、彼らは異常である、「悪なんだ」と決めつける。「正義であるわれわれは、彼らに対して正義の聖戦を行なうべきだ」となる。もっとも、お互いにそれを言い合っているわけです。もちろん、こんな「正義の戦い」などというのは、子供のテレビ番組の話であり、お互いに利益の対立がある。しかし、こんな勧善懲悪論で戦争なんかが起きるわけがない。

そもそも戦後60年、70年にわたる、長い中東での戦争は、それに関連したイギリスやフランスといった大国の利益追求の結果だったと言うべきでしょう。その長いプロセスの結果が、2015年11月のパリでのテロといえますが、そこまでの関係を理解できないことが、無知の悲しさというわけです。あまりにも遠い関係は、見えない。まさにそこです。

これはサミュエル・ハンチントン（1927〜2008）という人物が、ソ連崩壊後に述べた「文明の衝突」[◆84]などではない。なるほど文明の衝突といえば、「見えるがまま」であるがゆえに説得力がある。しかし、それは現象であり、本質を捉えてはいません。

1990年代の冷戦終結後に生まれた神話はこうです。イデオロギーの時代は終わった。現

◆83『戦争論』　ドイツ・プロイセンの軍人・軍事学者のカール・フォン・クラウゼヴィッツ（1780〜1831）の戦争と軍事戦略に関する書。出版は1832〜34年。邦訳は岩波文庫他。

◆84 **文明の衝突**　アメリカの国際政治学者ハンチントンが主張した冷戦期以後の世界の構造原理をいい、諸国家（民族）が、それぞれの文明をアイデンティティとして先鋭化し、対立するとした。1996年発表の同名書籍『文明の衝突』（集英社、1998年。文庫版、2017年）が世界的なベストセラーとなった。

在の世界経済はグローバルに一つになりつつある。一方で宗教的、文明的対立が生まれつつある。その最も大きなものが、キリスト教文明対イスラム教文明である。まさに十字軍の時代に戻ったかのようですが、「聖戦《ジハード》」という概念がそこから生まれます。無批判に欧米の主張を鵜呑みにすれば、私たちの目には、当然ながらイスラム教の〝狂気〟だけが見えてきます。

しかし、この中東地域の問題は、西欧列強の世界拡大とオスマントルコの崩壊、ロシアの南下に対する防御と、20世紀に生まれた石油文明という図式の中に本質があります。イギリスとフランスは、19世紀にこの地域の覇権を競った。そこにドイツが侵入するも、やがて排除され、イギリス圏とフランス圏に分かれた。そこにソ連やアメリカが近づいて、それを排除していく。運動の原理は、経済的・政治的な覇権抗争にあります。

もちろん、こうした覇権抗争に巻き込まれ、つねに傀儡《かいらい》政権に翻弄されていく中東地域は、自らを支えるものとしてイスラム教の宗教原理を大切にしたい。それが「文明対非文明」と言われると、余計に彼らの怒りは高まる。

弁証法と二項対立——世界を動かす最大の要因とは？

こうした問題の本質を見抜くには、どうすればよいか？

そこで、今では時代遅れといわれ、歴史の闇に葬られたと思われている「弁証法」という方法を採る必要があります。《世界の本質をつかむ》ために弁証法を知っておくと、非常に役に立つということです。

弁証法とは何であるか？　弁証法とはdialectic（ディアレクティック）という言葉を翻訳したものですが、この日本語では何を言いたいのかよくわからない。相手を説得する技術というのはわかるが、それがなぜ、対立と揚棄《ようき》（止揚《しよう》）になるのかは理解できない。

dialecticはもともと「対話」である。相互の主張が矛盾を起こして、そこから新しいものが生まれてくる。弁証法を発想したのはマルクスではない。それはギリシャ時代からある。

弁証法がなぜ私たちの世界を知るために大きな力なのかは、前章で説明したマニ教との関わりの問題です。マニ教は二項対立、つまり悪魔がいて、善の神がいる。「今は残酷な世界だが、善の神は悪魔に勝利して、私たちの未来には美しい世界が来る」と説明する。

それが大きな力を持つ。なぜ、それがこんなに力を持つのか？　ここに私たちの議論の根本的な本質があるのです。つまり、「人間社会、私たちのこの宇宙を動かしている最大の要因は何なのか？」という問題と深く関係しているのです。

私たちは日々活動をしています。この力はどこから来るのか？　それは何らかの形のエネルギーを持つからである。そのエネルギーは何かというと、私の中にある代謝エネルギー。今日食べたご飯を、一所懸命、別のエネルギーに変えていく。食物が別のものに変わることで、エネルギーになる。では、その根元にある宇宙の最初のエネルギーはどこから来たか？

質量ですよね。質量をエネルギーに変えていく。この質量をエネルギーに変えていくような運動こそ、私たちにある一つの方向を見せてくれているわけです。あるものとあるものが戦って、そして違うものに変わっていく。これを大真面目に取ると、フリードリヒ・エンゲルス◆85がやったような「自然弁証法」になります。自然弁証法というのは、自然も私たち人間社会もすべてこの弁証法で動いていると考えるのです。

しかし、私が言いたいのは、すべてのものが弁証法で動くなどということではありません。ただ、弁証法が一つの説明の仕方として非常に優れていると言いたい。

ここで、世界を動かしているものは何かを考えてみましょう。だいたいこうした考えには二つある。一つは、外からエネルギーが与えられると考える場合。つまり、この世界の外には何かがいて、「ああしろ」「こうしろ」と後ろから押している。「後ろにいったい誰がいるんだ?」と言ってみても、その姿は見えない。神の力とは、この世界を動かす外の力と考えたらいいでしょう。

それなら、外に何もないと運動は終わるのか? しかし、外に何もなくともひとりでに運動は起こっている。内部で動いている。宇宙の内部の力とは、いったい何か? 内部で何かと何かが戦って、その戦いの中から次のものが生まれてくる。つまり、外の何かを前提としないで説明を行なうとすれば、この「内部の力」を持ってくるのが一番説明しやすいのです。

弁証法で日本史を解く——外圧と自己運動

たとえば、日本の歴史を考えてみましょう。私たちは学校で日本史を習います。日本史というのは不思議で、きわめて弁証法的な世界なのです。すべては外の国の影響を受けずに、ひとりでに進んでいく。とはいえ、いくつか例外が出てきます。

その中で一番有名なのが、蒙古襲来《もうこしゅうらい》◆86です。これは歴史学者の網野善彦《あみのよしひこ》◆87さんが『蒙古襲来——転換する社会』（小学館文庫）でまさにきっちりとその点を指摘している。それからペリーの来航（1853年）ですね。さらにもう一つは、1945年の敗戦です。アメリカ軍によって日本がその軍門に下ったことです。

それ以外は、おおかた日本内部の自己運動で説明が済む。つまり、大和朝廷がどうして崩壊し、次の時代に進むのか？　平安時代が鎌倉時代や室町時代にどのように移っていくのか？　この推移を内部の闘争として見ている。

◆**85 フリードリヒ・エンゲルス**　（1820～1895）ドイツの思想家、ジャーナリスト。マルクスの友人で、マルクス主義を確立した人物。

◆**86 蒙古襲来**　鎌倉時代中期、モンゴル帝国（大元《だいげん》ウルス）とその属国・高麗による二度にわたる日本への襲来のこと。文永の役（1274年）、弘安の役（1281年）を総称し、「元寇《げんこう》」とも呼ばれる。二度の襲来ともに〝神風（大暴風雨）〟によってモンゴル軍は撤退したとされるが、近年の研究では否定されている。

◆**87 網野善彦**　（1928～2004）中世日本史を専門とする歴史学者。『蒙古襲来』は1974年刊行。

たとえば、班田収授法《はんでんしゅうじゅ》です。マルクス的な説明では、これは原始共産制に近い。土地の平等所有が、やがて競争によって大土地所有となり、封建制が出現する。それは荘園制という一種の古代奴隷制を生み出す。荘園社会がやがて、騎士階級というか武士階級の出現によって、封建制へと移っていく。

まさにこの説明は、マルクスの理論をそのまま日本の歴史に当てはめたわけです。これは説明しやすい。つまり、生産力の発展が生産諸関係と矛盾を引き起こし、それが新しい生産関係を生み出す。正―反―合の流れ。いわゆる「弁証法的発展」◆88というものです。

このような説明は、外圧ではなく内的矛盾によるものである。中国がやってきて、ああしろ、こうしろと日本に命令したわけではない。隋や唐の外圧で日本が変わったわけではない。すべて日本内部の自己運動、矛盾とそれを乗り越える運動が新しい社会体制をつくっていく。

しかし、実際この説明には例外がある。それが先ほどの蒙古襲来なのです。それまで自国の内的発展運動で動いていた歴史が、突然、モンゴルという外圧によって、外から変わってしまう。網野さんの説明の妙はまさにここにある。「日本の歴史において、まさにこうした内的弁証法が通用しなくなった最初の出来事」が元寇だと言うのです。つまり、外から雷が落ちたのです。正―反―合の内的論理ではなく、外からの圧力によって変わった。

外との接触で世界が変わることは、弁証法的発展ではありません。そして、外から内部を規定されることによって、内と外、すなわち国家と外国が生まれた。「このとき日本という国が生まれたんだ、そこから日本は始まるんだ」と網野氏は言い切ります。つまり日本は、そのときに初めて内部の自己運動ではなく、外との矛盾の中で発展する。もちろん、この外との関係が内的に発展すれば、これも弁証法となる。しかし、その期間はあっと言う間に終わります。再び内的発展に戻るのです。しかし、また江戸末期にボーンとアメリカのペリーの砲艦外交によって、外からの強制が入る。

日本史という学問は実に不思議な学問です。日本独自の内的発展でおおかたの歴史を説明しながら、ときに外圧がすべてをひっくり返す。外の世界の影響を受けない歴史というのは、ヨーロッパなどの歴史を学んだ私のような者からすれば、きわめておかしな代物です。

内的歴史を問題にすればこそ、弁証法的な思考が活きるのです。宇宙もそうやって説明できる。たとえば、地球という一つの閉じた枠をつくる。そうすると、地球の中だけの運動で展開する。気候の温暖化というのは、まさに地球という枠の中での人間の内的矛盾の結果です。地球における炭素の排出量が、地球を徐々に温暖化していく。だからエネルギー、とりわけ炭素の排出量を下げろという議論になる。

しかし、セルビアの気候学者、ミランコヴィチ◆89の説によると、それはおかしいことになる。

◆88 **弁証法的発展**　一般的にいわれる弁証法は、命題＝テーゼ（正）、反命題＝アンチテーゼ（反）、総合された命題＝ジンテーゼ（合）という構図になる。

◆89 **ミランコヴィチ**　ミルティン・ミランコヴィチ（1879～1958）現在のクロアチア出身の地球物理学者、気候学者。「ミランコヴィチ・サイクル」と称される気候の周期変動理論によって知られる。

つまり、地球の温暖化は、内的論理で説明できるのではなく、地球の外、太陽の周りを回る地球の楕円軌道によって、地軸が傾くことで起こる。暑くなったり、寒くなったりという問題は、地球上の生物の論理とは関係なく、太陽と地球との関係によって決まる。潮の満ち引きが太陽系の引力の関係から決まるのと似ている。

弁証法は、一つの枠内の運動を説明するには非常にいい方法です。外からの力を問題にしないで、内部の展開、内的発展で説明できる。この説明の仕方は、ある意味で非常に明快なので、日本史の研究者たちもそれを使った。

弁証法の起源には宗教がある

こうした弁証法が一番典型的に表れているのは、ヘーゲルの『精神現象学』です。『精神現象学』の弁証法は、当然ながらマルクスのそれとは違う。弁証法というのは、一般的にこういわれています。命題があって、その命題に対して、それと矛盾するアンチテーゼがあって、それらが矛盾を起こして、やがてその矛盾を乗り越える総合されたテーゼに至る。こうした展開は、現実世界の出来事を頭の中で整理したものです。

この論理の世界の説明に関して、さかのぼって検討してみると、少なくとも宗教的な起源があることがわかります。キリスト教的な宗教は、物質的なものをなるべく避けます。これはユダヤ教も同様で、精神の世界を説明している昔の宗教というのは、基本的には物質世界での実験的データを避けます。何といっても、モーセが一番最初に「十戒」◆90を授けられたときの最重要項目は「偶像を崇拝するべきではない」であり、これは言い換えれば「物質世界を肯定するな、物質なんかはどうでもいい、神は物質ではなくて精神だ」ということです。神は精神なのです。神が「いるか、いないか」という存在論の問いは、最初から意味がない。

問題は精神なのです。だから、神を物質化してはいけない。精神世界（神）が、あるときわれわれ人間という物質世界をつくった。われわれ人間は物質的世界の生き物であるゆえに、ある意味で不幸である。物質であるから汚い。なぜなら、物質というものは不完全であり、精神よりも劣るものだとされる。だから、私たち人間は物質世界をなるべく避けるべきだと考える。それで戒めが出てくる。「汝、姦淫の罪を犯すことなかれ」と。なるべく男性は女性から離れなさい、子供をつくるなということです。そういうことにかかずらうのはやめて、早く精神の世界へ行きなさいと諭《さと》す。

父権的宗教と母権制的宗教

これは基本的に父権的宗教が持っている発想で、父権的宗教は物質界をものすごく軽蔑します。物質界のものを軽蔑することによって、父権的宗教である一神教が出てくる。

◆90 **十戒**　モーセが神から授けられたとされる10の戒律のこと。旧約聖書「出エジプト記」の第20章に記されている。

しかし、一神教はどういう環境から生まれたかというと、基本的には多神教的なところから生まれています。原始宗教といわれる多神教的世界は、物質への崇拝が非常に強い。まず「今年は豊作でありますように」とお祈りをして、とにもかくにも物質的に豊かになることを目標にする、ある意味で結構な宗教である。つまり、実り多きをお祈りすることが宗教の目的である。そして、収穫の秋にその成果をみんなで楽しんで、「この世に生まれてよかった」ということを楽しむ宗教です。これは母権制的宗教だと言える。母権制というのは、要するに、母なる大地が父なる私によって耕されて子供を産む。その子供を神の恵みとして大切にする。そして、またその子供を介して、さらに子供をつくっていくわけです。そこでは性の営みや物質的欲求は否定されない。

このような発想に対して、一神教は概して批判的ですが、少し無理があるように思えます。これはある意味で心理学的な問題、エディプス・コンプレックスに当てはまるかもしれません。

人間が生きることと弁証法

マルクスが自然について語った言葉があります。この言葉は何回か使われるのですが、『資本論』の中でこんな表現をしています。これは大変重要な言葉で、ウィリアム・ペティ◆91という人物の言葉として出てくるものです。

「人間はたえず自然の力を借りている。だから労働だけが、生産する使用価値の、すなわち

素材的な富の、ただひとつの源泉ではない。ウィリアム・ペティが言うように、労働は父であり、土地は母である」◆92

これは単純な文章ではありません。なぜなら、マルクスが「労働価値説」を主張したということを知っていれば、これは矛盾するように見えるからです。真面目に『資本論』を読んでいる人であれば、絶対に疑問に思う部分でしょう。「マルクスはすべての価値は労働から生まれると言っていたじゃないか」と。ここでは「土地も価値をつくっている」と言っているように見えるじゃないか？

もちろん、土地が価値をつくるとは言っていないのです。土地も私たちに素材的な富をつくっている。使用価値をつくっている。だから、「価値」ではなくて「使用価値」なのです。

人間の物質的代謝過程は、自然との交わりの中にある。ものをつくり、それを食べ、それを排出し、またつくり、食べる。自然の素材を自らの使用価値につくり替えていく人間は、精神の世界とまったく何の関係もない。人間が生きることは、まさに餓鬼道《がきどう》の世界です。生きるために、ただ自然の中でうごめく動物そのものである。

精神界の美しき真理とか、抽象的な概念など要らない。大学の頭が痛くなるようなエリート

◆91 **ウィリアム・ペティ**（1623〜87）イギリスの経済学者。古典派経済学、統計学の始祖とされ、『政治算術』（1690年、岩波文庫）が著名。政治算術とは統計学のこと。
◆92 『資本論』第一巻、一章、二節

の学問、あるいは教会でやっている神学など不要である。人間は、畢竟《ひっきょう》、ご飯が食べられればそれでいい。それでいいのだから、取りあえず豊作をお祈りする原始宗教で十分である。

ところが、男性が権力を持つようになると、土地や自然に対する人間の関係が切れる。男性は生殖能力において、母なる大地のような強さがない。男というのは一人で子供をつくることができない。だからこそ、生殖というものへの嫌悪感を持つしかない。子供をつくる過程は自然であり、本来は崇高な世界なのですが、「姦淫の罪」を着せられてしまう。

モーセの十戒を含めて、おおかたの男性的宗教がそういう教えをつくる。「なるべく、この世で生きている間は童貞でいたほうがいい。汚らしい、淫らなことをやってはいけない」と諭す。生殖はタブーなのです。このタブーを犯さない者が、精神界の優れ者ということになる。三位一体の人間の役割は、精霊になることであり、身体を捨て、男でも女でもなくなる。魂そのものになる。魂の世界では男も女もない。だからセックスもない。三位一体の魂の世界では、自然界にあったどろどろとした肉体にまつわるものはすべて消えていく。それらが消されることによって、精神の自己運動、精神が次の精神を生むという新しい思想が出現する。意識が自己意識を生み、自己意識が次の理性を生む。この過程は、物質界の様々な問題を捨象したところに成立する、精神界の過程なのです。

これは、お米をつくったりとか、道具をつくったりという具体的現実界の彼岸にある。いわば、生命の代謝過程から見ると、どうでもいいただの自己運動です。この精神にかけるエネルギーこそ、人間が他の動物と違う点ですが、発想が逆立ちしているともいえる。どんなに精神の世界で葛藤しても、お腹が空くのを止めることはできない。

しかし、この精神の自己運動の世界は、方法としては素晴らしいものがあります。キリスト教神学が生み出した最も大きな成果は、このヘーゲルに体現されている「精神の自己運動」としての方法論の世界と言っても過言ではないでしょう。まさに弁証法という方法は、この神学という世界の中で生まれた一つの宝なのです。

下賤な学問、経済学の誕生

しかし、そこには物質界というタブーがあります。それは物質界の現実を説明していない。現実世界、つまり私たちはものをつくり、それを使い、食べるという経済の世界で生きています。まさに経済学というのは、ある意味で、この宗教から見たら最もやってはいけない〝汚れた学問〟なのです。社会科学という学問は、まさにこの領域にあるわけです。それまでには神学という学問があり、そこから自然科学も出てきた。一番最後に遅れてやってきたのが、18世紀に現われた人間の実世界を問う学問、社会科学です。

この点で、社会科学は、他の学問にずっと負い目を抱いてきました。その負い目とは「人間の物質的世界を扱う下賤の学問」だということです。だから、当初、大学などでは教えられることがなかった。世界に名だたるオックスフォード大学も、ケンブリッジ大学も、アダム・スミス[93]のような経済学者を生み出せなかった。そのスミスも「経済学」の看板を掲げることはできず、道徳哲学の中の正義論の一分野として、経済学を教えていました。しかし、19世紀になると経済学は一つの学問として確立されます。

日本では、私の出身大学の慶應義塾大学が、最初に経済学部（当時は「理財学部」と称されましたが）を設置します。福澤諭吉は、幕末にウェーランド[94]の『経済学』（1837年）を講じていた（福澤先生ウェーランド経済書講述記念講演会、1868年）。

その時代、世界を見渡しても、経済学を教えている大学（学校）はあまりなかったし、まして経済学部のある大学などなかったのです。慶應は、むしろ世界でも早かったと思います。日本では一橋大学、つまり商科大学では経済学を講じていました。

もっとも、これらの学校を当時の文部省は「大学」と認めていなかったので、経済学部が大学にあったといえるのかどうか？　官僚的な言い方をすれば、東京帝国大学で、法学部から経済学部が分かれた大正時代に初めてできたということになりますが、それは実質と形式の違いにすぎません。言い方を換えれば、慶應も一橋も専門学校にすぎなかった。だから本来、日本でもヨーロッパでも、経済学のような俗っぽい学問を教える大学はあまりなかったのです。

現実世界と弁証法をどう結びつけるか

なぜ経済学が嫌われたかというと、まさに物質界を扱うからです。物質界とは、人間と自然との交わりの世界です。人間と母なる大地との格闘は、いわば近親相姦的世界である。まず、母に対する父なる神がいる。その父は、われわれの大地である母をつくった。父が本当の世帯主で、母はその下僕である。ところが、神である父は人間もつくったが、その息子（人間）は、その母と近親相姦して次第に父なる神を忘れていく。それを忘れさせないのが宗教であり、また精神界を支配する学問であった。

しかし、この近親相姦過程をリアルに分析する経済学は、厭《いと》われるものとなる。これは、まさに父親殺しのエディプスです。こういう関係の中から、まさに経済学というものが、疎まれる形で、つまり物質界を扱うので疎まれる形で出現した。現在では、この18世紀まで汚らわしいと見なされた学問を講じる経済学部が、日本の大学の学部で一番多いかもしれません。

近代の学問は、精神の世界から徐々に離れて、物質の世界へと進む。なるほど、物質界に近づけば近づくほど、功利主義的、経験主義的、実利主義的な世界に近づき、方法論などどうでもよくなってくる。学問らしい学問から離れていくわけです。

マルクスの偉さは、この現実の分析に溺れ、いたずらに事実を書きなぐり、本質を見抜こうとしない経済学という学問を、方法論を持つ本質的な学問に転換したことです。そのためには、

◆**93 アダム・スミス**　（1723〜90）スコットランド生まれのイギリスの哲学者、経済学者。「経済学の父」と呼ばれる。主著は『道徳感情論』（1759年）、『国富論』（1776年）。出身大学はグラスゴー大学。
◆**94 ウェーランド**　フランシス・ウェーランド（1796〜1865）アメリカのブラウン大学学長、聖職者。福澤の『学問のすすめ』にも影響を及ぼした。

逆説ですが、精神界で鍛えられたヘーゲルの弁証法を利用する必要があったわけです。マルクスは、まさにこの点をヘーゲルから学んだ。ヘーゲルが鍛え上げてきた、神学から生まれた弁証法。もとはアリストテレスから始まり、神学が徹底して磨き上げた弁証法を、ヘーゲルが哲学の中で完成の域に高めた。この完成された弁証法を経済学に応用すると、経済学も少しは学問らしくなるわけです。まさにそこが重要なところです。

経済学の欠点は、方法論が貧弱であるという点です。経済学は物質界の動きを十分説明しきれていない。日々の生活の雑多なものを一つにまとめて説明し、それを論理にすることは簡単ではありません。つまり、経済学は分析方法と歴史観というものを欠いている。事実の羅列と、もっともらしいことを述べるだけに終わる。事実の生成、発展、消滅を説明できない、きわめて静態的な学問になっている。動態的な説明をする論理を持っていない。この論理をマルクスはヘーゲルから採ってくるわけです。

しかし、精神界の論理を物質界の論理に移すのは難しいところです。マルクスの弁証法は、たんにヘーゲルが精神界でつくったものを地上界に当てはめたという簡単なものではない。なぜなら、現実界というものは、ヘーゲルの精神界と違って、思うようにならないものである。現実世界はきわめて多様性に富みフラクタルである。扇風機の風と現実の風を比較するとよくわかる。現実の風は方向も力も様々であるが、扇風機の風は単調である。もちろんフラクタルな風を実現すると称する扇風機もあるにはあるが、自然の多様性までは実現できていない。

もっと卑近な例では、恋愛です。頭の中の恋愛はきわめて簡単に実現するが、現実に告白するとたちまち一筋縄ではいかなくなる。現実界を支配するのは不確実なものです。なぜそうなるのかを説明するのは大変である。実際の恋がままならないように、現実界の動きをどのように説明するかは、これまたままならない。

それは、ヘーゲルの方法を物質界に当てはめるだけで事足りるような簡単なものではない。これこそマルクスが経済学批判を書くために苦しんだ苦難の過程だったのです。マルクスはこのため、その研究に何年もかけました。その経過の中に生まれたものの一つが、『ドイツ・イデオロギー』です。

『ドイツ・イデオロギー』の編集問題とは？

『ドイツ・イデオロギー』（１８４５～46年執筆）はマルクスにとって、まだ経済学研究の始まりにすぎませんが、あることをそれと知らないままに説明しようとして、苦悶している様子がうかがえます。それは追って説明しますが、どれほどの苦労だったかは、マルクスの生前に『ドイツ・イデオロギー』が出版できなかったことを見ても明らかです。

『ドイツ・イデオロギー』は現在、岩波文庫で読めますが、当時はなぜ出版に至らなかったのか？　それは、マルクス自身が不完全だと思ったからです。それはなぜか？

20世紀に入り、ソビエトが『ドイツ・イデオロギー』を書物として出版する。しかし、その編集は、後々マルクス研究者の間で大変な論議を引き起こします。1970年代、この「編集問題」がブームになりました。残された原稿は、断片的なものである場合が多かった。それを一つの本にまとめるには、どうしても力技がいる。これが「編集問題」です。マルクスが生きていれば問題はないのですが、本人がいないので、編集者の判断によるところが大である。

よく知られた話ですが、一つはリャザーノフ[95]という人物が編集したもの。もう一つがアドラツキー[96]という人物が編集したものがあります。

1956年のスターリン批判[97]以降、多くの研究者たちが、アドラツキーの編集を疑問視し、新たに編集をやり直さなければならないと考えるようになったのです。

岩波文庫には、2種類の『ドイツ・イデオロギー』があります。新版のほうは廣松渉《ひろまつわたる》[98]編訳（小林昌人訳）でいわゆる「廣松版」と呼ばれるもの。旧版は古在由重《こざいよししげ》[99]訳で「アドラツキー版」によっています。

この二つはまったく異なる本といってもいいでしょう。廣松版にはある特徴がある。旧版の『ドイツ・イデオロギー』ほど読みやすくはない。ストーリーがつかみにくい。その理由は、廣松版は残された原稿に忠実に編集したからです。作者が書いた未完成原稿をそのまま本にするというのは、非常な困難をともないます。原稿の中にはメモ書きみたいなものもある。

だから当然、編集者はそれを本にするために編集し直さなければいけません。残された原稿が完全に仕上がっていれば、そのままでいいのですが、不完全なものは、それを何らかの形で読めるようにしなければなりません。そうすると、編集者の意図がそこに入る。しかし、編集者の意図が入ると、アドラツキー版のように批判が出る。なるべく、編集者の意図は入らないほうがいい。とはいえ、それを徹底してやるとストーリーが希薄になる。また、あるがままの状態を復元すると、まとまりの悪い形で編集せざるをえない。

廣松版はあるがままの状態をそのまま本にしようとした。これはこれで悪いことではないのです。『ドイツ・イデロギー』のこれまでの編集のされ方を考えれば、とりわけそうならざるをえない。ですから、廣松版を読んでいると、同じ文言が何度か繰り返し出てくる。活字も黒字になったり、薄くなったり、括弧になったり、わけのわからない部分がある。そのたびに、「凡例」に戻って読み方を確認しなければならないので、面倒ではある。それと廣松版の最大の特徴は、マルクスの文章とエンゲルスの文章が明確に区分されている。とにかく、廣松版を読むときは、本の冒頭にある「凡例」を徹底して覚え込んでおく必要がある。

ここで、廣松版を読むときの読書案内をしておきましょう。お勧めしたいのは、古在版と併

◆**95 リャザーノフ**　ダヴィト・リャザーノフ（1870〜1938）ロシア・ソ連の哲学者、政治家。
◆**96 アドラツキー**　ウラジーミル・アドラツキー（1878〜1945）ロシア・ソ連の哲学者。
◆**97 スターリン批判**　1956年ソ連共産党第20回大会における第一書記ニキータ・フルシチョフ（1894〜1971）によるスターリン時代の政治実態の暴露を内容とする秘密報告のこと。
◆**98 廣松渉**　（1933〜1994）哲学者。東京大学名誉教授。戦後日本を代表するマルクス主義者の一人。
◆**99 古在由重**　（1901〜1990）哲学者。名古屋大学教授。

せて読むことです。あるいは、一番バランスが取れている「バガトゥーリャ版[100]」でしょうか。また、服部版（服部文男訳[101]）、渋谷版（渋谷正訳[102]）も読みやすい。ただ、これらはメジャーな会社から出ていないので、入手しにくい点がありますが、併せて読むと面白いでしょう。

人間は労働する動物である

では、『ドイツ・イデオロギー』は、どんな意味を持った書物なのか？　なぜ、マルクスは生前に出版できなかったのか？　しかも、なぜ彼の将来の研究の出発点になったのか？　それらを見てみましょう。

『ドイツ・イデオロギー』の一番大きな問題は、マルクスがこの時点で気づいたある論点です。つまり、私たち人間の社会は、この世界をどのようなものとしてつかんでいるのかということです。たとえば、「人間を一言で言ったら何？」と問われれば、「人間は遊ぶ動物である」「人間はものをつくる動物である」「人間は認識する動物、ホモサピエンスである」とか、いろいろと出てくる。マルクスはそれを「労働する動物」だと考えた。これは一つの大きな飛躍でした。この考えを彼に与えてくれたのはアダム・スミスです。「労働価値説」というのは、まさにそこに根元があるわけです。

「労働」といっても、広い意味では「活動」です。人間が生きていくには、ものを食べなくてはいけません。ものを食べるためには、必ずしもいわゆる労働は必要ないのですが、果実を採ったり、動物を狩ったりする活動は必要です。何か食べるものを探さねばならない。狩猟するにしても何にしても、活動は必要です。取りあえず、この活動には本能的部分がある。

動物も活動をする。しかし人間の場合、次第に活動は本能の領域から離れていく。オオカミが他の動物を食べるというのは本能です。これは活動というよりは本能に近い。人間はやがてこうした本能の領域をはずれ、みんなで計画を立て、そして何らかの獲物を狩るようになってくる。さらに、合理的に生産する、ものをつくるということになったとき、活動から労働へ変化していく。

労働がわれわれに何をもたらすかというと、まず人間相互の関係というものです。つまり、自然界の物質、素材である母なる大地と触れ合うことによって、労働が生産物をつくるわけです。生産物をつくれば、当然ながら、この生産物が私たちの欲望を満たすことになります。この段階では、精神的な領域はあまり問題にならない。取りあえず、お腹を一杯にするために、労働することが目的となる。これが人類史の最初の段階です。そこで形成される人間関係は平等であり、階級差もない。しかしながら、労働の生産力が発展すると、知識階級が出現する。

◆100 **バガトゥーリヤ**　ゲオルギー・バガトゥーリャ（1929～）ロシアのマルクス研究者。彼の版は1965年にソビエトで出版。邦訳は花崎皋平訳『新版ドイツ・イデオロギー』合同出版、改装版、1992年。

◆101 **服部文男**　（1923～2007）マルクス経済学者。東北大学名誉教授。『新訳ドイツ・イデオロギー』新日本出版社、1996年。

◆102 **渋谷正**　（1949～）経済学者。鹿児島大学教授。『草稿完全復元版　ドイツ・イデオロギー』新日本出版社、1998年。

つまり、社会的分業の始まりです。精神界、すなわち思想や知性というものは、はっきり言って、あってもなくてもいいものです。だけど、余暇が生まれ始め、少し豊かになってくると、知的生活を行なう者が出現する。

ここでマルクスはあることに気づいた。人間はもともと精神的世界を持ってはおらず、それは物質的世界の生産力の発展から生まれてきた。つまり、精神が物質界をつくったのではなく、逆に物質界が精神界をつくったことに気がついたのです。これはマルクスの一つの大きな発見なのですが、誰でもそれくらいのことはわかる。

マルクスが素晴らしいのは、それを論理的に体系化しようとすることです。なぜイデオロギーたる思想が生まれるのかという問題を、生産力と分業によって徹底して説明し、イデオロギーでこの世界を理解し、現実を変えられると考える人々をコテンパンにやっつけようと考えたわけです。

イデオロギーの意味——人間はその生産に合致する

「イデオロギー」とはまさに「イデア」です。思想であり、幻想であり、観念です。当時、この言葉を独立して最初に流布させたのは、デステュット・ド・トラシ◆103というフランスの人物です。マルクス（1818～1883）よりずっと年上で、マルクスが活躍する時代にはすでに死んでいます。トラシは『イデオロギー』という本を書きます。

イデオロギーとは、私たちが物事を表現する「概念」のことをいいますが、私たちの日常的活動の中から生まれてくるような思いつきといった、頭の中で考えられる〝世迷い事〟の総体です。だから、イデオロギーはある意味、脇役です。本来の主役は日常的活動そのものであり、その活動から生まれてくる〝こじつけ〟、またはそれに反映したものなのです。マルクスはそのことを説明するために、『ドイツ・イデオロギー』にこういう文章を書いています。

「諸個人が何であるかということは、それゆえ、彼らの生産と合致する」◆104

つまり、どんな仕事をしているかによって、その人が何であるかがわかるということです。

「すなわち、彼らが何を生産するか、ならびにまた、彼らがいかに生産するかということとその中身が合致する。それゆえ、諸個人が何であるかということは、彼らの生産の物質的諸条件に依存する」◆105

彼らがどんなスタイルで、どんなものをつくっているかを見れば、おおよそ彼らが何者であるかがわかる。どんなに知性があろうと、頭の中がどんなに複雑であろうと、ただやっている仕事を見たらわかる、というわけです。「言いすぎだ」と思わないでください。これは、ある意味で大発見なのです。つまり、私たちは昔から、神や、真理や、あるいは哲学といったもの

◆103 **デステュット・ド・トラシ**（1754〜1836）フランスの哲学者、軍人。
◆104 マルクス・エンゲルス『新編輯版ドイツ・イデオロギー』廣松渉編訳、小林昌人補訳、岩波文庫、2002年　27ページ
◆105 前掲書27ページ

に親しんできて、それらの言葉や理屈によって「何をやるべきか」「何をつくったらいいか」を定められていると思っていたことが、実は逆であったというのですから。

「どうやって飯を食うのか」を教える学問

もっとも、普通の人々は食べるために働くことが忙しく、イデオロギーなどに関心を持つこともなかったのですが、社会を支配していた権力者や知識階級はまったく逆に、イデオロギーから物事を考えていたわけです。これは「目から鱗が落ちる」という話です。衝撃だったのです。頭でっかちな勉強ばかりして、お百姓さんの仕事を軽蔑し、「百姓どもは知性が足りない。俺に比べたら人間としてはまだまだ不完全である」と威張っていたのですが、彼らはお百姓さんのつくるお米に依存していたからこそ、尊大なことが言えたわけです。

頭の中での人類の歴史は、政治や文化の歴史である。庶民の小さな出来事の歴史などアホらしくてやれない。大学という世界は、まさにその牙城だったわけです。こうした逆立ちした精神を発展させたのが、大学である。だから、学生たちの多くは、大学へ来て嫌になるわけです。逆立ちした歴史なんか嫌だ、と。当然です。大学に来たら、プラトンをやらなくてはいけない。アリストテレスをやらなければいけない。次にアウグスティヌス[106]、その次にトマス・アクィナス[107]、それからホッブズ[108]。ましてや私たちの経済学史という分野は、学生たちに何を教えるのか？「アダム・スミスはこう言った」「リカード[109]はこう言った」「マルクスはこう言った」……。延々と古典の言葉が続く。「先生、そんなわけのわからない話よりも、いったい僕たちがどうやって飯を食ったらいいのか教えてください」と学生は言ってくる。

だからこそ、この話が必要なんです。「ほら、だから言っただろう？　マルクスが何をやったか、やっとわかっただろう。マルクスも君たちと同じ考えだったんだ。アダム・スミスやリカードを読んで、同じ疑問を持った」。

精神の世界の出来事は、物質界の出来事の反映である。だから、それを学ばねばならない。精神の出来事は、本当の手触りがない。感覚がない。砂を噛むような話です。これは大地に足が着いていないんじゃないか？　大地に足を着けるためには、どうしたらいいのか？　こう問いを立てた。しかし、これは簡単ではありません。

マルクスも哲学者で、いわゆる精神界の人間です。お坊さんみたいな者です。アダム・スミスもみんなそうです。唯一、リカードは商人でした。ですから、マルクスが一番評価するのがリカードでした。商人の経験が生かされているから、ある意味で現実をしっかりと見ている。でも問題は、ただ現実を見るだけでは現実は理解できない。だからこそ、マルクスは、イデ

◆106　**アウグスティヌス**　（３５４〜４３０）古代キリスト教の神学者、哲学者。主著は『告白』『神の国』。

◆107　**トマス・アクィナス**　（１２２５頃〜１２７４）中世スコラ主義の神学者、哲学者。主著は『神学大全』。

◆108　**ホッブズ**　トマス・ホッブズ（１５８８〜１６７９）イギリスの哲学者、法学者。近代政治哲学の基礎を築いた。主著は『リヴァイアサン』。

◆109　**リカード**　デヴィッド・リカード（１７７２〜１８２３）イギリスの経済学者。自由貿易の理論「比較生産費説」を主張した。

オロギーは人間の生産の反映であることを理解したが、それがどう具体的に反映しているのかということは、いまだ十分にわかっていなかったのです。それから、マルクスの長い研究の旅が始まるわけです。

取りあえず、彼が『ドイツ・イデオロギー』で発見したことは、こういうことです。私たちの世界をつくっている様々な思考や思想というものは、実は自分の足で立っていない。思想がわれわれを支えているのではなくて、思想を支えているのはわれわれの生産であり、生産はわれわれの大地としっかりと結びついている。そして、われわれを大地に結びつけてくれるものは、労働である。だから、労働がわれわれの思考を形成しているんだと。

まさに『ドイツ・イデオロギー』はここから始まります。

頭でっかちの社会主義者への批判

まず『ドイツ・イデオロギー』というタイトルが面白い（最終的に出版されたとして、このタイトルがついたかどうかは別として）。マルクスはやはり一種の皮肉屋です。このタイトルには、ドイツの哲学者たちへの批判が込められています。哲学者といっても、哲学者一般ではない。最初から哲学のための哲学をやっている者は相手にしていません。社会主義を標榜《ひょうぼう》し、「私たちは、君たち労働者をヘーゲル哲学によって社会主義という立派な世界に連れていく者である」と言っている哲学者（真正社会主義者）です。彼らは、逆立ちしているとマルクスは言うのです。

イデオロギーを信奉する者を「イデオローグ」と言いますが、ドイツのイデオローグたちはヘーゲル哲学を勉強したので、自分は労働者たちよりも多くのことを知っていると考えているわけです。だから、労働者たちに「ああしろ」「こうしろ」と命令したいわけです。そこで、最近フランスで社会主義というものが流行っているので、それを少しかじって、ヘーゲル哲学で料理する。ヘーゲル哲学で社会主義を勉強すると、これほど立派なものになるのだと、自慢するわけです。もちろん、マルクスもその仲間の一人だったのですが。

しかし、そんなことで労働者を説得できるのか？　ということなのです。頭の中だけで考えたことが、現実の世界で実現できないのは当然です。

その逆立ちした世界を、マルクスは冒頭でこう表現しています。「ある人が頭の中で泳げると思った」「頭の中で泳げると思ったら、泳げる」と彼は確信する。こうして、彼は川に飛び込んで溺れてしまった、と。

もちろん、頭だけの逆立ちでできることもある。私は、かつて学校を休んでいたため、誰も泳げなかったバタフライの選手に間違って選ばれたことがあるのですが、バタフライなんかそれまでやったことがなかった。そこで本を買ってきて、布団の上で何度も練習した（当時、近所にプールなどはなかったので）。そして本番、何と決勝まで進んで2回も泳がされた。バタフライで泳いだのは、後にも先にもこれが最初で最後でした。失格にならなかったので、「のようなもの」であったことは間違いありません。しかし、こんな付け焼刃で人生を渡れるものではない。やっぱり頭だけではダメです。ちゃんと体で覚えないといけない。地に足が着かなければいけないとは、まさにこのことなのです。

ドイツの真正社会主義者と呼ばれた哲学者《イデオローグ》たちは、確かに美しい言葉で、労働者に語りかけたが、それは大部分が「机上の空論」であった。理論の美しさと、それが現実的に効力を持つかということは、別なのです。当然ながら、真正社会主義者たちは、労働者にまったく相手にされないので、そのうち雲散霧消しましたが、マルクスは『ドイツ・イデオロギー』を書いて、この逆立ちした真正社会主義者たちを批判しようとしたのです。そのためにタイトルを『ドイツ・イデオロギー』にする予定だったのです。

封建制の江戸時代に悪代官は存在しえない

もっとも、真正社会主義者がいなくなったので、出版する意味も失われた。しかしながら、この本は一方で不完全なのです。とはいえ、真理を射抜いていたことは確かです。いわば、この世界がどのように変化しているのかという歴史的発展を指し示したわけです。

私たち人間社会は様々な経済の様式、これを難しい言葉では「社会構成体」と言いますが、その下に生きている。現在は資本主義的社会構成体であり、その中には、自動的に動く一つのメカニズムがあります。「資本の自己運動」というメカニズムです。この運動が今のわれわれの社会を支えています。この資本の自己運動は、今から300年前にあったかといえば、それはありえません。つまり、当時は資本主義とは異なる社会構成体だったというわけです。

それは何かというと、「封建的社会構成体」であった。封建制のメカニズムでは、経済はそれ自体が自由に動いていない。社会は経済的メカニズムではなく、政治的メカニズム、すなわち、ある商人や職人ではなく、それを支配し、規制する武士階級の政治権力が社会を規制していたということです。

だからテレビの時代劇などは、当時の様子を正確に描いていないことになります。たとえば「水戸黄門」ですが、これはかなりおかしい。悪代官と悪徳商人が、ひたすらお金のために悪巧みを行なう。そして、小判を数えるシーンが出てきます。しかし、これはおかしい。ひたすら金儲けをして、大きな家を建てたり、豊かな生活を送ることなど許されていなかった時代に、そんなことを行なう者は、本来はいない。これは、現在の資本主義のイメージを、そのまま過去に投影しているにすぎません。もちろん、そうでないと視聴率が稼げないからです。だって、違う時代の発想を理解することは簡単ではありませんから。

オーウェルの『1984年』の世界、つまり政府によってでっち上げられる嘘の世界は、われわれの世界とよく似ている。この世界では、つねに歴史は現在を正当化するための嘘の歴史である。今の世界も、過去の歴史を現在の立場から正当化していく点で同じです。過去がそうだったから、現在もそうである。人間は昔からずっと同じで、資本主義的な性質を持っているという、現在の制度のプロパガンダになるわけです。「昔の人も今の人も同じだ、利己心の動物だ、資本主義は永遠である」と。注意が必要です！　さすがに法隆寺の時代までさかのぼって、そう考える人はあまりいないと思いますが、「卑弥呼も実は金儲けのために生きていたんだ」と考えたくはない。

江戸時代に、悪代官や悪徳商人が栄えたかどうか？　当人たちに聞けば簡単に理解できる。「あなたたちはお金をたくさん貯めていますが、いったいそれをどうするのですか？　投資するのですか？」と。しかし、それはできないはずです。お金を貯めて、高級品を買うこともできない。それをするためには、武士階級の理解が必要なのです。

マルクスが経済学を始めたときに突き当たったのも、これと同じ問題でした。当時の古典、アダム・スミスやリカードの書物は、「私たちの世界はずっと昔から同じで、人間は利己心の動物であった」と前提していたからです。マルクスはそこに、「それはおかしい」と楔《くさび》を入れたのです。ずっとさかのぼって2500年、3000年前に、同じことをやっていたはずがない。なぜならば、生産や労働のあり方が今とはまったく違う。生産のあり方が違えば、その上につくられている様々な関係も違ってくる。マルクスはこの点を、『経済学・哲学草稿』（1843〜45年、光文社古典新訳文庫他）で、すべての古典派の経済学者（「国民経済学者」と書かれてありますが）は、私的所有を普遍的なものだと前提にしていたと批判しています。

生産諸力と生産諸関係――量が質に転化する

ここでマルクスは、生産諸力が生産諸関係を変えていく理由はいったい何なのかという視点を持ちます。それが歴史の原動力であると考えるのです。つまり、生産諸関係と生産諸力があるときに矛盾を起こすことが、歴史を変えていくのではないかという視点に至ります。

それがおおかた『ドイツ・イデオロギー』の時代です。『哲学の貧困』（1846年）では、プルードン[110]を批判しながら、その点を明確化します（204ページ参照）。『共産党宣言』（1848年）でも、次のような指摘を加えています。

16世紀にアメリカ大陸を発見した後、商人たちはガッポリ金が儲かるようになって、それまで支配的だった貴族など支配層の権力を破壊していった。たとえば、東インド会社ができて、ボンボン儲ける商人がいたら、その儲けに与ろうと武士、貴族、国王たちが借金するようになる。借金で首が回らなくなった国王たちは、その商人を殺すのが一番いいのですが、それができないのであれば、自分も商人になっていくしかないわけです。これは、一般的に私たちが「フランス革命」と称する「ブルジョア革命」です。

ブルジョア革命とは何かというと、生産諸力がどんどん発展することによって、その上に立

◆110 **プルードン**　ピエール・ジョセフ・プルードン（1809～65）フランスの社会主義者。主著に『貧困の哲学』。

つ貴族制や身分制度が機能しなくなっていくことを指す。生産諸力があまりにも大きくて、もはや国王や貴族の体制では制御できなくなり、次第に官僚へとその地位を移すしかなくなる。こうして矛盾が起こり、革命が起きた。これがブルジョア革命=市民革命です。

「もう身分社会は終わりだ。これからは武士もない、貴族もない、みんな平民になるんだ」という社会が生まれた最大の理由は、生産諸力と生産諸関係が矛盾を起こしたからだと考えたわけです。まさに自然界で生じるように、ある運動体系がある限界点まで達してしまうと、突然別のものに移る。「量が質に転化する」というわけです。

一つの例を考えましょう。やかんの水は沸騰点という限界点に達すると、液体のままではいられなくなって気体になってしまいます。この変化は質の変化である。ある意味、奇跡です。普通の温度ではありえない。ある限界点があって初めて変化する。もちろん、気体は逆にある点から雨として液体に戻る。これは一つの循環ですが、変化することが重要です。

だから、生産諸力もあるところまでいくと、変化せざるをえなくなる。自然現象との単純な比較はできないのですが、ある意味で似ている。これを経済学の中で説明できないかという発想が、経済の長期的発展(変動)の把握を可能にした。

人間の妄想ですら、物質的前提と結びついている

もちろん、ヘーゲルはすでに精神界でそのことを説明している。しかし、彼の理論の展開は、

具体的物質界との接触を持たない、ある意味、空虚なものです。だからマルクスは、こうした空虚な議論を展開する人々を「イデオローグ」として批判した。そのターゲットこそ、このヘーゲルの弟子たちだったのです。

次の文章は、それを的確に証言しています。「天から地へと降下する哲学とは正反対に、ここでは、地から天への上昇がなされる」◆111と。ここでマルクスはこう考えている。人々が語り、想像したり、表象したりするものから出発するのではなく、まずは現実世界の人間から出発し、現実世界を分析するべきだ。

要するに、頭でっかちの人間ではなく、現実に活動している人間から出発し、彼らの現実的な生活過程から、この生活過程のイデオロギーや文化を展開する。つまり、実際に私たちが生活している生身の現場から、その上に立つ諸々の物事を考えてみようと考えたのです。

マルクスは「人間の頭脳における茫漠とした像ですら、彼らの物質的な、経験的に確定できる、そして物質的な諸前提と結びついている」◆112と述べていますが、物質的な諸前提と結びつかない存在物は何もない。「絶対精神」だとか「神」だとかの観念も、実際は物質界のある状況の中で誰かが捏造《ねつぞう》したものにすぎない、と。これは言いすぎですが、ある意味でそういう観念が、暇を持て余す人の頭の中にはどんどん生まれる。しかし、これは空虚なんだということで

◆111『新編輯版ドイツ・イデオロギー』前掲書30ページ
◆112前掲書31ページ

す。幽霊みたいなものです。

マルクスは「道徳、宗教、形而上学、その他のイデオロギーおよびそれに照応する意識形態は、こうなればもはや自立性という仮象を保てなくなる」と述べているのですが、道徳もいつの間にか現実とは裏腹に、どんどん自己発展していく。宗教も自己発展していく。しかし、これはあくまでも現実の反映にすぎない。宗教や形而上学や道徳をつくっている現実社会が、それを変えていくということです。

現実の歴史的発展をつかむ

しかし、こういう認識もあまり主張しすぎると、「そんなこと言ったって」ということになります。「エートス論」というものがあります。エートスとは日本語では「精神」でしょうか。マルクスの死（1883年）の30～40年後に、マックス・ウェーバーがマルクスの唯物論的な定義に異をとなえた。

「マルクスさんよ、そんなことを言ったって、人間にはやる気（気概）とか意識とかがあるんだよ。そういうエートスが世界を変えていくんだ」と批判したのです。

マルクスもエートスを完全に否定しているわけではありません。エートスが確かにあるとしても、それが基本的土台を欠いては存在しえないと言っているのです。

しかし、マルクスの議論は、まだ経済学の詳細な分析が十分なされているわけではない。まだ素朴な議論にすぎない。

確かに現実の歴史はきわめて複雑です。要するに、『ドイツ・イデオロギー』の説明は、いまだ十分な裏づけがあるとはいえないのです。なぜなら、経済学の説明がまだ十分ではないからです。そこがヘーゲルの弁証法と違う点です。精神世界の弁証法ならば、理念の自己発展ですから、証明をする必要がない。現実の歴史は、具体的な歴史を知らないとどうしようもない。経済史、政治史、経済学史など、あらゆるものを勉強しないと解けない。その点を、いまだ素朴ですが、マルクスも気づいています。

『ドイツ・イデオロギー』から10年ちょっと経った後、『経済学批判』（1859年）の〈序言〉にマルクスが唯物論を定式化した有名な文章があります。『経済学批判』は実際に出版されたものですから、間違いなく彼の到達点を示しています。

「社会の物質的生産力はその発展のある段階で、それらがそれまでその内部で運動してきた既存の生産関係と、あるいはそれの法的表現にすぎないものである所有関係と矛盾するようになる」◆113

つまり物質的生産力は、その上に立つ生産関係などどうまくいかなくなるというのです。「これらの関係は生産力の発展形態からその桎梏《しっこく》に一変する」。要するに、ある程度の段階に至る

◆113 マルクス『経済学批判』（1859）杉本俊朗訳、国民文庫、1966年、序言16ページ

と齟齬を来たし、やがて新しいものに変わる。そうなると「経済的基礎の変化とともに巨大な上部構造全体が、あるいは徐々に、あるいは急激にくつがえる」。革命的変化がここで起きる。

あまりにも簡単ですが、一つの定式としてはお見事な定式です。私たちの世界を動かしているものはイデオロギー、つまり宗教対立でも何でもなく、物質的世界の変化がすべての基礎にあるというのです。『ドイツ・イデオロギー』や『哲学の貧困』で述べたことと同じなのですが、すでに経済史や経済学を深く学んできたマルクスは、同じことを言っていても、もはや自信たっぷりにそれを展開している。確かにこうした言い方は、経済へすべてを還元する議論になってしまうのですが、人々の利害闘争の中に歴史の根本的運動を見ると、現代社会もはっきりと見えてくる。ニュース・報道に接する際には、こうした視点を持っておいたほうがいい。そうでないと、テロの問題も表面的にしか捉えられません。

弁証法で「アラブの春」を解く

チュニジア、エジプト、シリアなどの「アラブの春」[114]も、資本主義社会がリーマンショックによって過剰生産と過剰資本の状態に陥ったことの一つの打開策といえるわけです。資本主義は、大恐慌を迎えると、過剰生産や過剰資本のはけ口を探す。それは、基本的に世界的な市場拡大です。世界市場は、21世紀の現在、実はもうあまり残っていません。先進国が最初に目をつけたのはロシア、中国といった中進国です。これらの市場に投資し、その国家に公共投資を行ない、信用拡大を起こす。実際、ロシアや中国は、経済が発展したおかげで、ものを言う先進国並みの国になってしまった。これは既存の先進国にとって予想外のことでした。それが、やがてG20にまで発展し、アメリカなどの先進国のイニシアチブを奪ってしまうことになります。これは想定外でしたが、これらの中進国では確かに商品が売れた。

しかし、中国やロシアだけでは受け皿が小さすぎる。こうした国々は消費国として重要ですが、これらの国だけでは足りない。一方、後進国では消費国にはなれない。あくまで後進国は原料生産国であり、消費国ではありません。後進国は原料生産基地なのです。消費地として発展させる対象は、中進国です。後進国の場合、独裁者がいることがある意味で都合がいい。独裁者を賄賂などで利用することで、きわめて安い原料を得ることができるからです。

消費国は独裁者を好まない

他方で、消費国に独裁者は要らない。独裁者は国民が潤うことを嫌います。なぜなら、国民が潤うということは、海外の商品がどんどん入ってくることを意味するからです。そうなると、思想や知識までもが商品と一緒に流入する。それが反独裁運動を生み出し、独裁者の首が飛びます。消費は独裁者を好みません。そこでどうするかというと、資本主義国はやがて独裁者を

◆114 **アラブの春**　2010年から12年にかけてアフリカ・中東のアラブ世界で発生した反政府デモ、ストライキ、民衆騒乱などに対してマスコミがつけた名称。

倒さねばならなくなるのです。独裁者を倒せば、みんながどんどん先進国の商品を買うようになる。まさに、ここにつけ入るスキがある。「民主主義の春」という言葉は、消費国化による独裁体制の崩壊を意味しています。それは「資本の文明化作用」でもあるのですが、他方で、商品のはけ口の開拓でもあるのです。「アラブの春」というマスコミ受けするキャッチフレーズの中身は、まさにこうした変化の現象を捉えただけにすぎません。

もちろん、多くの人はこうしたやや複雑な説明よりも、こんな説明を好みます。「スマホやパソコンが革命を起こした」と。若者がネットによってつながり、民主化が進んだのだというのです。もしこれが本当ならば、先進国ではもっと民主運動が進んでいい。いやすでに天国にいるから、これ以上は進まないという説明が出てくるかもしれません。

しかし、よく考えてみれば、あることに気づきます。ネットはたんなる道具ですが、道具を使うには理由がある。それが説明されていない。近代的な道具があれば、古代社会でも変化するのかというと、そんなに簡単なものではない。こんなことで革命が起こるわけがないのです。

また、こんな説明もあります。「ある一定以上の所得になると、人々は民主主義社会を望む。所得が上昇したから革命が起こった」と。所得の上昇自体が民主主義を生み出すのではないのです。所得上昇のメカニズム（所得上昇のためには国内経済を開き、自由な消費行動をつくり出す必要があり、それが革命の原因となる）が革命を引き起こす。民主主義社会は、人々が望めば起こるわけではありません。まさに一定の物質的生産力の背景が必要とされるのです。

まさにこの点に、マルクスを読む意味がいまだにあるのです。だから、実際「アラブの春」は、そうした意味で革命ではなかったことは明らかです。その後、かの地は内乱と紛争に明け暮れているのが現実です。消費社会を演出しようとしたことがかえって裏目に出た。無政府状態になってしまったわけです。アメリカやヨーロッパの「アラブの春」というシナリオは、結果的にかなわなかった。民衆運動を引き起こす者が、戦車やロケット砲を持っているわけがありません。したたかな作戦があったわけですが、生産力が十分ではない国では、安定条件をつくり出しえなかった。独裁政権は崩壊したが、内部闘争が起きてしまった。

このような問題を本質的に理解するには、今でもマルクスの方法を忘れることはできません。もちろん、これですべてを説明できると言っているのではありません。

否定の否定

『資本論』（１８６７年）になると、マルクスの説明はより明確になっています。たとえば、有名な第1巻24章のクライマックス部分、「否定の否定」というものを考えてみましょう。ここは、文章も非常によく書けていて、素晴らしいものです。「資本主義的私的所有の最後の鐘が鳴る。収奪者が収奪される」という部分です。

「生産手段の集中と労働の社会化は、資本主義の枠と調和しなくなる点まで至る。そしてその枠は破壊される。資本主義的所有の最後の鐘が鳴る。収奪者が収奪されるのだ。資本主義的生産様式から生まれる資本主義的領有様式、つまり資本主義的な私有は、自己の労働に基づく個別的な私有の最初の否定である。しかし資本主義的生産は、ある種の自然過程をもってそれ自身の否定をつくる」[115]。

これが「否定の否定」です。最初のものを否定して、そして次のものを生み出す。「それが否定の否定である。この否定は私有を復活させるのではないが、しかし確かに資本主義時代の結果に基づいて、個別的所有をつくる。すなわち協業と土地の共有、労働によって生産された生産手段の共有に基づいて、個別的所有をつくるのだ」[116]と言うのです。

「否定の否定」をさらに説明しましょう。資本主義が生まれるまでは、多くの人々は親方などの独立生産者であった。独立生産者とは、自分で機械を持っていて、自分で機織りをやって稼いでいるような小さな所有者をいいます。彼は一応、所有者なのです。しかし、やがて資本の競争に負けて没落し、労働者になります。これがまずは、最初の所有の否定です。その後、とうとう資本主義社会の最後の鐘が鳴ると、労働者はまたもう一度この所有を復権させます。

しかし、この復権された所有は、昔の所有とは違います。つまり、独立生産者としての所有でもないし、資本主義的所有でもありません。資本主義とは違った所有なのです。

もっとも、マルクスはこれをきちんと説明してはいません。説明しないところにマルクスの特徴がありますが、もう一回所有が復活するのです。とはいえ、この復活した所有は前の所有とは同じものではない。資本主義時代の所有ではなく、別の所有だというのです。一見同じものに見えるが、生産力の変化によって違うものに転化しているというわけです。

つまり、私たちの社会は、歴史的に「のっぺらぼう」なのではない。同じように見える概念も社会も少しずつ変化している。今、私たちが生きるこの資本主義的体制も少しずつ変化している。この変化をどう読み取るかが重要です。

物事を理解するとは、その内的矛盾を捉えること

古典派経済学者が述べたように、「私たちの社会はいつも同じであり、人々には常に利己心があり、いつの時代も資本主義であった」などという素朴な認識を持つことは、きわめて危険です。短期的には、なるほどそうでしょう。それに反対することのほうが難しい。なぜなら、私たちはある時代の意識の中に包摂され、そこから抜け出ることは難しいのだから。

そのためマルクスの主張は、読み込みすぎと言われることも多い。一般に浸透しているイデオロギーが間違っているなどと口にするのははばかられる。だから、ヘーゲルの弁証法を経済学の形まで高めるのは、簡単ではなかったわけです。また得られた結果も、あまりにも単純に見えるため抵抗も大きかった。しかし、物事の見方としては間違ってはいないと思います。

結局、この《世界の本質をつかむ》ときに私たちが注意しなければならないのは、「世界は

◆115『資本論』向坂逸郎訳、岩波書店、１９６７年、第7編、24章7節９５２ページ
◆116 前掲書　９５２ページ

内的運動によって動いている」ということです。内的運動の本質は自己矛盾です。その自己矛盾というものをえぐらないと、運動は理解できない。だから、あることを理解することは、その自己矛盾を理解することである。表面的に見える様々なものを、この自己矛盾の相で捉える。それが欠けると、ただの事実の羅列になる。いったい何が起こっているか、さっぱりわからない。そのためにも、マルクスの弁証法を学ぶ必要がある。

次章では、認識した内容をどう表現するかという問題について語ります。表現する力が、この世界を動かす。つまり、文章にするときでも、話すときも、何が一番重要かというと、「これが本物である」ということではなく、「どうすれば本物のように見えるか」ということです。本物らしく見せる、真実らしく見せるような方法、この方法を高めない限り、実は他の人を説得することはできないのです。これがレトリックです。

第3章

レトリックで古典を読み解く

なぜレトリックは軽視されたのか

レトリック（修辞学）という言葉は、日本ではあまり馴染みのものではありません。いや、およそ学校で習うこともありません。日本の教育では、何か真理があり、それを日本語で簡単に説明できるという発想で教えられています。たとえば、太陽が真理そのものだとしても、ではその太陽をみなさん一緒に見てみましょうなどと言う人はいない。見ると目がおかしくなる。むしろ太陽が何であるかは、対象である太陽を見ないことによって成り立っているわけです。

実は、多くの真理がそうです。経済成長、そんなものを見ることはできません。統計の数値を見ることで成長していると受け取るわけです。つまり、一つのことを相手に説明するには、つねにそれを表現する力が必要になってくる。重要なのはもちろん言語力ですが、言語力は背景にレトリックがないと相手に伝わらない。西洋の学問は、この表現力の中にキリスト教とギリシャ・ローマの古典が染み通っている。だから、キリスト教を教育から閉め出したことによって、学問の輸入が機械的にならざるをえなかったわけです。

当然のことですが、江戸幕府だけでなく、明治政府もキリスト教の影響を怖がった。学問は結構だが、キリスト教は「罷《まか》りならぬ」としたのです。しかし、明治10年くらいになってからは、キリスト教の学校が日本にも徐々にできます。こうして日本でも、キリスト教会による学校教育を認める法令が出ます。

しかし、あまり発展してもらっては困る。そこで私立学校のいくつかを除き、学問はおおかたキリスト教と離れた官立学校や私立学校を中心に発展していきます。その学問のスタイルは、きわめてプラクティカルであるか、微に入り細を穿《うが》つ文献解釈学的なものにならざるをえない。スケールの大きな千年王国論的な、直観的で大理論的な学問は発展しにくくなるわけです。

しかし、西洋の学問を理解するには、キリスト教の歴史を学ぶ必要がある。たとえば『資本論』を読むとすると、キリスト教の知識がないと内容がさっぱりつかめない場合があります。これらは宗教と考えるよりは、西洋の学問の中にインプットされてきた、表現の仕方、レトリックと考えたほうがいい。

西洋の学問は、つねに表現力という点でキリスト教に帰ることによって成り立っているといってもいいわけです。だから、マルクスも『共産党宣言』や『資本論』で、キリスト教の警句やエピソードを引用することで、内容と説得力に深みを増そうとしているのです。

レトリックがわからないと『資本論』は読めない

『資本論』第1巻では、キリスト教や古典、文学などからの引用がおびただしい。それは、けっしてマルクスが知識をひけらかそうとしているからではありません。「俺、こんな難しい話を知っているけど、お前ら知らないだろう」と言いたいのではないのです。19世紀の知識人を説得するには、その知識人の思考の形に訴えるしかない。思考の形というのは、思考を表現するときの形です。ある種の習慣が、それと知る者にはすぐわかるが、他の者には奇妙なものと見えてしまうのと、それは似ています。どのような思想も、その時代の表現形式を採らないと伝わらない。

まさにこの表現形式、中世のヨーロッパの大学で発展した基礎知識である修辞学、文法学、論理学、幾何学、天文学、代数学、音楽といったものが、これを形成していたわけです。日本には、儒学的な文献解釈学の方法が学問としてあったのですが、それと西洋の学問がドッキングしたとしても、この基礎学とはドッキングしなかった。それは、そこにキリスト教の論理があったからです。明治以降の学問の最大の欠落点になっている部分だと思います。

西洋の学問が優れていて、東洋は劣っているということを私は言いたいのではありません。あくまで、西洋の学問を理解しようとするとき、その問題が決定的な欠落として存在するということが言いたいのです。それはアソシエーション（連合）とパーソナル・プロパティ（個体的所有）の関係といった言葉の理解において顕著になります。表面的に翻訳しただけでは、さっぱり何のことかわからない。

それは社会主義やユートピアといった言葉でもみな同じです。手っ取り早く日本の共同体として考えたり、夢と希望は社会主義にあると考えたりして、何とか意味を理解しようとするのですが、キリスト教的な千年王国論やエクソダス（大逃亡）のような問題を知らないと、表面的な理解に終わる。マルクス主義もロシア革命も、ある意味でこうした問題の中から生まれている。ユダヤ―キリスト教的歴史観の中でつかまねばならないものです。ロシア革命やマルクス主義は資本主義に負けたか、勝ったかという問題ではなく、人類の希望をロシア革命とマルクス主義が表現しきれているかどうかという問題です。人類の希望とは、新しい大地を求めること、未来に何かを求めるといった、宗教的問題と深く関係しているわけです。

個体的所有の理解には

たとえば、前章で扱った「個体的所有（個別的所有）」の意味を理解するには、個体＝パーソナリティの意味を理解しなければならない。それを「人格」と訳しただけでは意味をなさない。人格とは何かも説明しなくてはいけません。ここでは、この説明は避けます。

たとえば、マルクスが若い頃、なぜエピクロス[117]に関心を持ったのかという問題を考えてみましょう。マルクスは、博士論文として「デモクリトスとエピクロスの自然哲学の差異」（1841年）を書いています。ここでエピクロスを大変評価しているのです。特に、エピクロスの持っている、ある意味での自由さです。一方で、デモクリトス[118]に対する評価は低い。

デモクリトスは実験主義、経験主義者として描いています。デモクリトスは、真実を知るには実験と経験が必要であると考え、世界中を旅し、真実を確かめようとした。まさに目に見え

◆117 **エピクロス**（紀元前341〜同270）古代ギリシャの哲学者。
◆118 **デモクリトス**（紀元前460頃〜同370）古代ギリシャの哲学者。原子論を確立したとされる。

るもの、体験できるもの、物質的に理解できるものを研究しているのです。しかし、一方のエピクロス先生のほうは、ある意味プータローというか、寝っ転がって考えてばかりいる。行動がない。考えていれば真実がわかると思っている。

この二つの異なった考え方は、現在でも受け継がれています。どちらも正しい。でもマルクスは、意外なことにエピクロス派なのです。エピクロス派はやがて、新プラトニズムと融合し、今の私たちの学問に大きな貢献をなしています。もちろん、デモクリトスのほうは、やがてイギリスに見るような経験主義、現代の自然科学を中心とした学問へと向かう流れになる。

新プラトニズムというのは、むしろヨーロッパでは大陸、ドイツ人・フランス人のような頭でっかちで、身体を動かすよりは机に向かって一所懸命に思索するようなタイプの思想です。マルクスは、学生時代からこちらのタイプでした。その後も事実を調べはしますが、この思索的タイプから経験主義者に変わることはありませんでした。

マルクスは、1850年代に『ニューヨーク・デイリー・トリビューン』のヨーロッパ特派員として、インド問題、それからペルシア問題といった、実際に自ら見聞したわけではない地域について書きます。特派員といっても、そこに派遣されているわけではなく、特派員としての地位をもらっただけです。自宅か図書館で書いた原稿をアメリカに送る。実見で書くのではなく、思考し、本を読んで書く、いわば一種の「作家」と見たほうがいいでしょう。

インド問題について書いた、後にマルクスのオリエンタリズム、すなわち東洋に対する優越感を証した記述として批判されるものがあります。これはロシア問題についてもいえる。確かに膨大な書物を読んではいるのですが、その視点は、ある意味最初から決まっている。答えがマルクスの頭の中に前もって与えられている。このようなエピクロス的発想は、一見詭弁に見えるのですが、意外と真理を突いているのです。

マルクスが、学生時代にエピクロスに興味を持ったのは、個人の意識の自由はありうるかという問題と深い関係がありました。人間が自由に思考できるとすれば、その自由はときとして現実世界と矛盾することがある。しかし、その矛盾がかえって真理に近い場合があるということです。一見おかしいと思われること、つまり実際に見たらおかしいと思われることが、意外に真理だったりする。だから、いたずらに事実を追っても何も見えてこない。事実の中には、見えないものを思考する必要がある場合がある。それがエピクロスだというのです。エピクロスは怠惰で、思索ばかりしている人間、つまり快楽的人間であると解釈され、快楽主義者＝「エピキュリアン」という言葉がそこから生まれるのですが、実際は、思索のために物質的快楽をすべて捨て、そこにのめり込むという、きわめてストイックな考え方ともいえます。

個人の意識の自由が、ときとして世界を変えうるなどと言ったら、第2章の話をくつがえしかねませんが、実際に社会が変化するときは、自由な飛躍がありえる。個人の意識の自由が、社会を変革しうるのです。

個体的所有における個体は、そうした自由を持つ個体であり、何かに従属した個体ではありません。自由に新しいものを創造できる個体による所有は、資本主義社会のように社会に規定された、言い方を換えれば、他人に豊かさを見せつけるための所有、あるいは自分でもわからないが、みんなが持っているからそれが欲しいといった所有ではないということを意味しています。

もちろん、「現実に個体的所有などというものがあるのか?」という批判はあるでしょうが、論理としてそうした自由を考えることはできる。つまり、現実から見ると一見おかしいことだが、論理的には成り立つ。エピクロスはこうして図らずも現実から飛び出し、現実を変える革命的思考を志した人物ということがいえるのです。その意味で、若き論文の中に、マルクスの革命的力（まだ生産力など眼中にありません）への強い意思を見ることができます。

このあたりを強調したのが、20世紀初期のルカーチ[◆119]、コルシュ[◆120]、ブロッホ[◆121]です。彼らの思想については、拙著『待ち望む力』（晶文社、２０１３年）を参照してください。

「もっともらしい」表現には注意

「もっともらしく見える」という言い方があります。この言葉は、実はきわめて重要です。ことに議論する場合には、これが何よりも重要なのです。ただし、真実をしっかり見るためには、この「もっともらしく見える」ということに批判の楔《くさび》を打ち込まねばならない。

現在起きている問題を例に取ると、「もっともらしい報道」があります。

シリアのアサド政権とトルコは敵対関係にある。アサド政権とロシアは味方同士である。よって、ロシアとトルコは敵である。もっともらしい論理ですが、実際にはこうなっていない。むしろロシアとトルコは、ときには接近し、ときには離れる。トルコ人はクルド人と仲が悪い。クルド人を敵視しているのはスンニ派のＩＳ（イスラム国）である。であれば、ＩＳとトルコはお友達なのか？　単純にそうはならない。そのように見えるが、そうならないのはなぜか？　ここに何かおかしいところがある。だまされやすい論理について、誰にでもわかる論理で説明するため、一つ簡単な文章を選びます。

「私は女である。聖母マリアは女である。よって私はマリアである」

これは誰が見てもおかしい。こんなことが成り立たないのはすぐにわかる。私は女である。マリアも女である。となると、すべての女はマリアであることになる。これくらい誰でもわかる。でも、これと同じことが、少し複雑になれば、わからなくなる。まさに「もっともらしく見える」論理、これはレトリックです。

確かにマリアの話はおかしい論理ですが、意外とだまされてしまう。ちょうど詐欺師に引っかかるように。しかし、少し考えるとこれはおかしいということに気づく。論理的におかしい

◆119 **ルカーチ**　ルカーチ・ジェルジ（１８８５〜１９７１）ハンガリーの哲学者。『歴史と階級意識』（未来社他）で有名。
◆120 **コルシュ**　カール・コルシュ（１８８６〜１９６１）ドイツの哲学者。『マルクス主義と哲学』（未来社）で有名。
◆121 **ブロッホ**　エルンスト・ブロッホ（１８８５〜１９７７）ドイツの哲学者。『ユートピアの精神』『希望の原理』（ともに白水社）は60〜70年代に大きな政治的、思想的インパクトをもたらした。

と気がつかねばなりません。

とはいえ、「おかしい」といわれる人の論理では、これは必ずしもおかしくない。自分は聖母マリアだと思っている人が実際にいる。それは、彼女たちが私たちとは違った理解コードを持っているからです。しかし、「私はマリアだ」という人は過去にも何度も現われていて、だいたい精神を病んでいると処理されています。しかしそれは、私たちのコード体系・価値コードの体系から見て間違っているにすぎないともいえます。

価値コード体系がそもそもなかったら、今のマリアの話はおかしくはない。この価値コード体系とは何かといえば、学校教育で現在教えられているものです。頭がいいとか優秀だとかいわれる人は、こうした価値コード体系に最も適合している人ということになります。でも、学校にも行かない人はこの価値コード体系の外にいる。

『資本論』にこんな話があります。「僕は王子である」「僕は王様である」とわけのわからないことを、学校に行かない子供たちが言うわけです。マルクスは一応、こう説明します。子供たちが6〜7歳から働いていて、学校にも行けない。だからこんなバカなことを言っているんだと。

しかし、こう言えるのも、その時代に適合する価値コード体系があるからだと考えてみましょう。そう考えると、この価値コードから離れた子供たちも、優れた想像力を持つ詩人なのかもしれません。

価値のコード体系をどう乗り越えるか

私たちがある本を読むときには、ある価値コード体系に従って読んでいます。もし、この価値コード体系が崩壊したら、本はまったく読めなくなる。本が読めるということは、その本と価値コードを共有することであり、共有できなければ不愉快そのもの、読めないということなのです。

おそらく50代よりも歳上の人にはそんなに難しい話ではないのですが、前章で取り上げた「唯物論」や「弁証法」などの話（語句、概念）は、今の価値コード体系を持った若者からすると、まったく意味不明のものになってしまっています。それと同じことは、古典文学に関してもいえる。１９６０年代までの文学少年・青年がこぞって読んでいたものは、今の多くの若者の価値コード体系から見たら古すぎて読めないものです。

価値コード体系が違うと、価値あるものも途端にムダなものに転化するということです。その一番いい例が、日々変化していく流行歌です。１９８０年代の流行歌は、今の若い人にはさっぱりいい曲に聞こえない。「懐メロですか？」と言われるだけです。逆に、今の価値コード体系についていけない者からすれば、最近のヒット曲のどこがいいのか、さっぱりわからない。歳をとるとは、自分の価値コード体系が古くなるということです。「最近の若者は……」という言葉は、コード体系が古びたことを意味しています。価値コード体系は、時代によってどんどん変化していく。

価値コード体系が変わるということを、最も深く分析したのは、戦後のフランスの構造主義、ポストモダニズムの人たちです。最初こうした構造主義が出現したとき、私の親世代の先生たちは「こんなものは君、学問とは言えない」と言っていました。その頃、私は若者ですから、当然ながら「先生、そんなこと言ったって」と反論しました。

その当時の若者は、ジャック・デリダ[◆122]とか、ミシェル・フーコー[◆123]なんかにはまった。彼らがいったい何をやったのかといえば、それまで当然と思っていた私たちの言語の表現様式について、その時代的構造変化を明確にしたことです。つまり、すべての価値は、一定の社会規範のモード体系、価値コードに結びついているということを発見した。デリダはそれを「脱構築《だつこうちく》」という言葉で表現した。何か不思議な言葉ですよね。フランス語では「デコンストリュクシオン」。デストリュクシオン（破壊）とコンストリュクシオン（建設）を組み合わせた造語です。壊しながらつくり上げることを意味する言葉と定義したのです。

コード体系の革新による古典の読み直し

このコード体系の革新は、とりわけ文学や古典の解釈に大きな貢献をします。

ある文学作品を読むとき、現在と同じ価値コードで読んではいけないということです。言い方を換えれば、この価値コード体系とは「グラマトロジー」なのです。要するに、社会を律する規則、グラマーです。若者の気持ちがわからないというのは、文法、つまり私たち老人の文法体系が崩壊したことを意味しています。崩壊して新しい文法ができた。日本語を見ても、それはよくわかる。昨日や一昨日のような過去ではなく、ずっと昔にさかのぼれば、自国語である日本語の価値体系の大きな変化に気づきます。過去の作品が読めなくなっているからです。そういう作品のことを通常、「古典」と称します。

古典文法は、現在話されている口語の文法とは違うものです。文法のコード体系が異なります。だから、古典文法を習わないと古典が読めない。古典が嫌いだというのは、昔のコード体系を知らないから読めないということです。コード体系が異なれば、何を言っているのかさっぱりわからない。古語辞典を引いてもわからない。つまり、文章の意味構造が違う。何百年の間に少しずつ変化していったからです。たとえば、明治初年の樋口一葉《ひぐちいちよう》◆124の小説は、文語で書かれていてなかなか読みにくい。一葉は、時代の大きな変わり目、特に、言文一致運動◆125の直前に登場した。一葉を読むと、「えっ、紫式部といったいどこが違うんだ？」となる。紫式部（９７３頃～１０１４頃、平安時代中期）と樋口一葉の時代的な隔たりは９００年ほどあるのです

◆122 **ジャック・デリダ**（１９３０～２００４）ポストモダニズムを代表するフランスの哲学者。
◆123 **ミシェル・フーコー**（１９２６～84）フランスの哲学者。『言葉と物』（１９６６年、新潮社）はポストモダニズムを代表する著作。
◆124 **樋口一葉**（１８７２～96）近代最初の職業女性作家。代表作は『たけくらべ』『にごりえ』。
◆125 **言文一致運動**　明治から大正にかけて文筆家、作家によって進められた、文語文を口語文に近づけようとする運動。

が、文体からすると、むしろ近く見える。明治初期の言文一致運動を中心に、それ以前と以降で文章のコード体系が大きく変わったわけです。そのトップバッターの森鷗外（1862〜1922）は、まだ過去から抜けきれていない。夏目漱石（1867〜1916）あたりになると、現代の文章に近い。

では、昭和30〜40年代の小説を繙《ひもと》いてみると、表現も文章の意味もかなり変わっていることに気づく。このことをデリダたちは、「一種の価値体系の、コード体系の変化だ」だと考えるのです。もちろん、これはデリダのような哲学者だけではありません。たとえば、歴史学でアナール学派◆[126]というのが重要な位置を占めるようになってきます。ポストコロニアル◆[127]という文脈もそうした流れの一つかもしれません。

コロニアリズムとポストコロニアリズム

ポストコロニアルとコロニアルがどう違うかを見てみましょう。

コロニアルという文脈は、宗主国による一方的な植民地からの収奪と、宗主国の文化の押しつけ、そしてその支配ということでした。この価値コード体系には、次の議論が前提されていた。つまり、先進国の文化を学べば、いつかはそれらの国に追いつける。世界には一つのランキング表があって、上位を占めるのは欧米。アジア・アフリカはその後塵を拝するものの、先進国の文化や生産力を受けて、先進国への道が拓ける。そして、西欧型の市民や民主主義を実現する。植民地は、やがて独立していく。

しかし、ポストコロニアルから見ると、こう変わります。植民地主義は終わってなどいない。永遠と続く過程である。それは、その価値コード体系に問題があるからだというわけです。「追いつく」「追い越す」という概念は、一つの価値コード体系を前提にして存在します。欧米の民主主義や個人主義という価値コード体系が正しいとして、それを追いかけるとしても、その価値コード体系自体が変わらない限り、そこから真に抜け出すことはできない。あくまでも欧米の掌《てのひら》の上をぐるぐる回っているだけです。これがまさにオリエンタリズム◆128というわけです。

ヨーロッパのアジアに対する見方は、アジアの生産力が上がったからといって、変わるものではない。むしろ、次々とダメな部分が指摘される。そのたびに、それに追いつかねばならないという恐怖感が待っている。

まさにこの価値コード体系としてのオリエンタリズムは、権力の構造になっているのです。要するに、アジアは経済的に遅れているからダメなのではなく、西洋の価値コード体系に追従

◆126 **アナール学派**　20世紀歴史学の新たな潮流となった現代フランスの歴史学派の一つ。民衆の生活文化や心理など、ミクロな歴史を対象とする。「アナール」の名は、学術誌『社会経済史年報』の『年報（アナール）』から。
◆127 **ポストコロニアル**　もともと文芸批評の概念で、広義には脱植民地主義の文化理論。
◆128 **オリエンタリズム**　元来は「東洋趣味」を言うが、ここではエドワード・サイード（1935〜2003）の批評用語であり、西洋の価値観による東洋に対するイメージ操作のこと。パレスチナ系の文化学者、ジャーナリストであるサイードは、東洋を西洋とは異質な他者として排除する西洋のイデオロギーを「オリエンタリズム」と呼び、批判している。

しているから遅れているということになる。価値コード体系を破壊すれば、これはなくなるのですが、そうもいかない。英語を話し、西洋の服を着、ナイフとフォークを使い、ルーブル美術館で芸術に親しみ、西洋の大学に入る。それがベストだと信じられている限り、ヨーロッパの支配から脱出できない。となると、この構造をどうやって破壊するかが問題になります。

原住民には土地の所有権がない

実は19世紀までの諸々の学問は、まさにこの構造の中にある。では、この構造における典型的人物を選ぶとすると誰になるか？　それは、マルクス先生です。ウェーバー先生もそうです。アダム・スミス先生も、みんなそうですね。これを、たとえばオリエンタリズムやポストコロニアルで見ていくと、どう見えるかというと、「アダム・スミスって許せないよな。だってスミスは、とにかくアメリカやイギリスの植民地をどんどん拡大するための議論をつくったのだから」ということになる。

ジョン・ロック[◆129]なんて、すごいですよ。『市民政府二論』（１６９０年）などを見ると、こう言っている。「インディアン（原住民）には土地の所有権がない。なぜならば、所有権とは労働をした者に生まれる。インディアンは馬に乗って大地を走っているだけであり、どんなに広いところを馬で走ってもそこに所有権は発生しない。だが移民したイギリス人は、コツコツ畑を耕している。畑を耕した者には所有権が与えられるが、インディアンには与えられない」

これを読めば、どう見ても、ロックもスミスもとんでもないヤツに見える。スミスは経済的自由主義者でした。イギリスの商品とインドの商品が自由に競争すれば、インドの商品が負けるに決まっています。結果的にインドは、経済的に敗北し、政治的にも植民地になった。マルクスは、それを「資本の文明化作用」と述べた。資本主義は世界を文明化していく。少なくとも、過去2世紀にわたる植民地制度を振り返ると、こうした西欧の犯したことがよかったことだと言う人はいない。スミスを礼賛する人は、この問題を振り返れなくなったわけです。これは価値コードが変化したことを意味しています。

問題は、その価値コード体系が変わった理由は何かということです。

価値コード体系の変化を明確に反映するのが、読書です。印刷された本の活字はいつの時代も変わらないとしても、その読み方は時代によってどんどん変わる。どの本も一度出版されると永遠にその読み方が変わらないように思えるのですが、日々変わっている。なぜなら、読む側の状況がどんどん変わっているので、それに応じて変化しているからです。人間は、自分勝手に解釈するものです。それを止めることはできない。何か客観的な真理があるのではなく、読む人がそれをどんどんつくり替えている。当然ながら19世紀の書物も、その当時の読まれ方と、現在の読まれ方はまったく異なっている。同じ本なのに、読む側の変化でまったく違った

◆129 **ジョン・ロック**（1632〜1704）「イギリス経験論の父」と称される哲学者。

ものになる。これこそ、ある意味で研究の醍醐味なのですが、これでは過去の言語は未来に届いていないことになる。まさにそうなのです。

『資本論』を裏読みすると

たとえば、大学で『資本論』を読むとしましょう。しかし、この本の中に織り込まれたレトリックはとっくの昔に理解できなくなっている。

先ほどの例では、文脈の中にあるレトリックとしてのキリスト教的な部分は、今のわれわれには難解きわまりないし、ましてや日本のようにキリスト教文化に親しみのないところではまるで読めない。

『資本論』冒頭の「商品」の部分は、キリスト教文化がわかれば、比較的理解しやすいのです。でも、私は『資本論』を講義する際に、この次第をあまり強調しないようにしています。なぜなら、マルクスよりもキリスト教の説明のほうが難しいかもしれないからです。この例は拙著『一週間de資本論』(NHK出版、2011年)に書いてありますので、詳しい説明は同書を参照いただくとして、ここでは『資本論』の「裏読み」について簡単に説明します。

裏読みというのは、「商品」の問題を宗教問題として読むというやり方です。

中世は商品をそのものの持つ使用価値、すなわち、モノとしてのすばらしさ(有用性)、言い換えれば、質的な神々しさで評価していました。商品の交換価値は、労働ではなく、その神々しさである質によって決まった。

ところが資本主義時代には、そうした神々しさが商品から消え、たんなる労働時間の投下物という量的なものに変わった。この質から量への評価軸の変化の本質は、カトリックではなくプロテスタントの中にある。それは、プロテスタントが、商品という「物神」◆130を捨て、ひたすらモノにこだわったためである。カトリックの持っていた教会や儀式というモノの威厳を捨て、信仰という主観の世界に閉じこもった。そうなると信仰にすべて義があるということで、モノに対する信仰がなくなり。この世界のすべてのモノが、たんなる量で測られるような商品になった。神々しさを失った商品生産社会は、中世的世界を破壊したわけです。

古典を読む面白さというのは、こういういろいろな解釈ができることですね。『資本論』という書物そのものは、著者が死んでいる以上、何年経っても変わらないのですが、読む側がどこに力点を与えるかによって、またどう読むかでどんどん変化する。

なぜこうした読み方が必要かというと、価値のコード体系が変化する中で、それまでの読み方が崩壊し、新しい読み方が生まれるからです。

◆130 物神　人間の生産物にすぎない「物（商品・貨幣・資本）」が、それ自体で価値を持ち、独自に運動しているかのように錯覚されている状態にあること。物神崇拝。

レトリックで読む、その前に…

『資本論』の序文は、普通に読むよりもレトリックで読んだほうが、ずっと著者の意図がつかみやすくなります。さて、この問題に入る前に、まず「コード体系の変化とはいったい何なのか？」という少々面倒な課題を取り上げます。

私たちが修辞学とかレトリックといった場合に、たいてい第一に参考にするのはアリストテレスの『弁論術』（岩波文庫）です。当時、レトリックとは弁論術だったのです。もともと「レトリック」の訳語としては、「弁論術」のほうが適切だったかもしれません。

弁論術とは何かというと、基本的には話術によって相手を説得する術のことです。話で相手を説得する技術というのは、ソフィスト◆131の時代のものです。これは、文章を書くこととはまったく違う世界です。生身の人間が生身の人間の前で話をするというのは、本を読むのとはまったく違う行為です。書き言葉が一般化し、それがあたかも公的なものとなった時代にあっては、話し言葉などにあまり関心を払わなくなりました。言文一致などという思想がまさにそれです。だから、今やこの弁論術である修辞学はほとんどなくなりました。

では、修辞学はいつ頃死んだのでしょうか？　おそらく、19世紀だと思われます。世界中の大学を見ても、今や修辞学を必修科目として教えているところはあまりないでしょう。私の大学でも修辞学・弁論術の先生はいません。「弁論術の先生なんて必要なの？」と思うかもしれません。しかし、それなくして、学生にどのように自分の学説を伝えるのでしょうか？　表現力がなければ、伝わりっこありません。弁論術も知らず、修辞学も知らずに教えるなんてことは、昔なら考えられなかった。

学校の先生は必要か？

今の学校の先生はこう言うでしょう。「君たち、僕がしゃべるより、教科書に書いてあることを学びなさい」と。「先生の話を聞きたい」と学生が言ってくれれば本当に嬉しいのですが、「先生はもう要りません。ここに『ニュープリンス・リーダーズ』とそれから、〝アンチョコ（教科書ガイド）〟がちゃんとあるので、先生はいなくてもいいです。今度の試験もバッチシです」と言われる始末です。「先生、何のためにいるの？」……。

私も、一度大学で聞かれたことがあります。もう何年も前ですが、ちょうど団塊ジュニア世代が大学に入ってきた1990年代初めです。

「先生、大学の講義を受けることに意味があるんですか？　だって、先生は教科書を指定しているし、それを読めばいい。何でわざわざ大学へ来て講義を受ける必要があるのですか？」

なるほど、それはそうですよね。もしこれが正しければ、入学と同時に教科書を学生の自宅

◆131 **ソフィスト**　ソクラテス以前のギリシャの哲学者たち。

に送るわけです。学生はそれを3か月間、自宅で学習してレポートを書く。まさに通信教育ですね。要するに「大学なんて通信教育でいいじゃないか」ということです。なるほど、その意見には一理ある。これは大きな「問い」です。私も考えました。

確かに、知識がそれ自体として存在し、それを学ぶだけならそれでもいい。でも、書籍（本）というものは、著者の思考のある断面が切り取られたものにすぎません。そして、ある意味、〝よそ行き〟である。本を書くときには、リフレインがまずありません。同じ話（話題）を2回繰り返すことはありません。なぜなら、文章（本）では、リフレインは冗長になるからです。もちろん、枚数稼ぎのリフレインは論外です。さらに、文章の場合は推敲を加えることで、よそ行きの化粧をしてしまう。

ところが、講義など対話・対面の場合、リフレインはやたらと多くなる。1時間しゃべったのに、中身については5分の分量しかないかもしれない。しかし、リフレインは重要です。

リフレインとは、相手を説得するための道具なのです。相手がわかっていない顔をすれば、何度も同じことを繰り返し、繰り返し話すべきです。一発でわかってもらえればそれでいいのですが、そうはいかない。と同時に、説得するために、本には書かないようなたとえなども繰り出す。ある意味では、言いたいことと同じではないのだが、それと気づかせるようなエピソードです。そうすれば、「ああ、そうか。○○と同じことなんだ」と対比して理解してくれる。正確には同じではないのですが、納得してもらうためには都合がいい。講義とはそういうものであり、書いたものをただ読み上げるものではない。だから、講義は絶対に必要なのです。本と違って「わかった気」になる。

とはいえ、講義には時間も労力も必要だし、一方で知識の大衆化、知識のマスプロ化が加速した。だから本に頼り、講義よりもわかったつもりになった。まさに、本の時代が到来し、話術のテクニックが失われ、レトリックの時代が終わったわけです。

レトリックを身につける意味

ちなみに、レトリックに関する本をアマゾンでざっと調べてみました。

佐藤信夫氏[132]の『レトリック認識』『レトリックの記号論』『レトリック感覚』。これらはいずれも講談社学術文庫から出ている本です。佐藤氏の述べていることは、確かに素晴らしい。それは私も認めます。佐藤氏自ら「レトリックは技術論ではない」と書いています。でもみんな、レトリックを使うと話や文章がうまくなりますと、ハウツウふうに傾く。だからこれらの本も、技術論になってしまっています。こんなレトリックがある。言葉の綾というものがあるなどと、直喩・隠喩・換喩を取り上げて、換喩とは何であるかと説明している。

しかし、そうしたものをただ使うだけであれば、身についていかない。自然に出るようにす

◆132 **佐藤信夫**（1932〜93）言語学者。レトリックを扱った著作が多い。元国学院大学教授。

るしかない。考えながらやっていたのでは、レトリックは使えません。問題は、自然に身につくようにするには、どうしたらいいかということです。

昔の人たちは、さすがです。19世紀までの人たちは、小さいうちからレトリックを学んでいましたから、書いた文章が自然にレトリカルになった。要するにレトリックの本を読むより、小説を読んだほうがいい。小説を読んでいる人は、そのレトリックが使えるから、そうじゃない人の文章に比べて説得力がある。そうでない人の文章というのは、本当に淡白です。私たち大学の研究者の書く論文は、まさに多くがこの淡白の類です。

マルクスの文章などを見ると、もうレトリックだらけです。この人は文化人というか、文学のセンスのある人だと思います。しかし、それを読む側にはもはやそのセンスがない。

実際、最近の書き手の文章は、淡白になってきています。文章が合理的なコミュニケーションの道具としてのみ使われているからです。こうしたコミュニケーションは、言葉をたんなる記号へと傾斜させています。言葉の膨らみが失われているのです。特に文系の場合は、この言葉の膨らみが大事です。いかに説得的に説明するかということは、レトリックを使うことでもあります。伝えるべき結論よりも、それをいかに説明するかにむしろ重要な意味があるのです。

言語コードに従わない人間はテロリスト？

そのことを理解するには、デリダやフーコーの言っていることを聞くといいでしょう。コード体系が変容したことが、実は重要な問題なのです。

フーコーも、デリダも文章は難解ですが、何を言わんとしているかはわかる。彼らの言っていることは、要するにコード体系が変わってしまうと、昔の古典が理解できなくなるということです。とすれば、人類が２５００年かかって書き上げてきたすべての本が、今の若者から見たらまったく無意味に見えるという問題を提起しています。それは、私たちが漢文や古文を見た瞬間に「わかんない、やめよう」と思うのと同じことです。

これはフーコーが『知の考古学』（１９６９年、河出文庫）の中で述べていることです。そこでは、われわれにとって真理、あるいは知とは何かということが問われています。フーコーは『言語表現の秩序』（１９７１年、『言説の領界』と改題して河出文庫）の中でこう言っています。

「人々の真なるもののうちにあるのは、その個々の言説において活発に働くべき言説支配の諸規則にしたがうときだけなのです」

これも言っていることは難しいのですが、要するに真理というものは、その言語コードに従っているときにのみ真理であるということです。言語コードに従わない人間が出てきたら、真理なんて吹っ飛ぶ。まさにそれは、現在のテロリストに似ている。テロリストとは、現在の世界の構造から排除されている者のことです。テロリストは現在の法律に従わない。でも、彼らには彼らの論理があるわけです。まさに、違う世界からやって来た者ということになります。

１９６０年代の学生紛争を考えてみましょう。１９６０年代に戦後のベビーブーマー（団塊世代）が大学に入ってきて、学生数がどんどん増えた。教室も足りない。そして、講義はマスプロ授業。言っていることも、さっぱりわからない。新入学生の価値コード体系とそれまでの価値コード体系が、矛盾を起こしてしまった。そこで、すべての権威が吹っ飛び始めたのです。

最近こんなノスタルジックな言葉を聞きます。「昔の先生は偉かったけど、今の先生は偉くないね」。しかし、これは当然です。それまでの権威主義を破壊したわけですから、先生が偉くなくなったのは、いいことなのです。昔の権威主義的な先生のコードは、そのままでは現代人の価値コードに合わないのですから。そうした権威は、戦前の価値体系の上にのみ成り立っていたわけで、いまだにそれがいいというのは、やはりノスタルジーにすぎない。

このことを明確に説明したのが、フーコーやデリダです。つまり、価値体系が変わったのです。当然、マルクス研究も古い価値体系の上で語られる権威主義的体系でした。大塚久雄◆133や大河内一男両先生が読んだマルクスの体系は、現在の私たちには合わない体系の上にできていたのです。歴史は変わっていくわけで、価値のコード体系が変われば、あれほど偉かった先生たちの〝真理〟もおかしなものになる。それは仕方のないことです。その偉い先生たちの時代のグラマー・コードに従って読めば真理かもしれませんが、今のグラマー・コードで読めば、そうではない。単純にいえば、そういうことです。

かつてＳＰレコードというものがありました。今、ＳＰレコードを聴こうと思っても、それを再生する蓄音機がない。まさにそんなことかもしれません。

私の本棚にある大塚先生の『社会科学の方法』（岩波新書、1966年）、内田義彦先生◆134の『作品としての社会科学』（1981年、岩波書店）などを、若い連中に聞いて（読んで）もらいたいのですが、それを理解する蓄音機、すなわちグラマーがない。そう考えるとゾッとします。自分の本も、やがてレコードになるわけですから……。

つまり、私たちの真理などというものは、あくまでもこうしたコード体系が保証するものにすぎないということです。となると、このコード体系が変化していけば、これまでの真理がどんどん意味を持たなくなる。ポストモダニズムというのは、まさにそこに大きな焦点を当てたわけです。こうしてそれまでの権威が崩壊した。結果として大いに皮肉な話ですが、フーコーやデリダがこうした権威の最後になり、やがてそれも消え去るでしょう。

脱臼させる読み方――マルクスの亡霊たち

ジャック・デリダの『マルクスの亡霊たち』（岩波書店、2007年）という本があります。これは、マルクスの『共産党宣言』をめぐってのもので、面白いマルクス解釈が出てきます。これぞ、まさに「脱構築」です。多くのマルクス研究者にとって、この本はどうしようもない

◆133 **大塚久雄**（1907〜96）経済史学者。マルクスとウェーバーに学んだ大塚史学を領導。
◆134 **内田義彦**（1913〜89）スミス、マルクスの研究で知られる経済学者。

本に見えるかもしれませんが、私の評価は少し違います。この本は、マルクスの「思わぬ部分」を描いているからです。

『共産党宣言』の冒頭に書いてあるたった一つの文章をめぐって、それを読み解いていくというのが本書のスタンスです。

「たった一つの文章」とは、ヨーロッパに妖怪、幽霊、亡霊、そういう得体の知れないものがうろついているという有名な部分です。たったこの一行の解釈をめぐって、300ページ以上の本にしている。この一行を脱構築する。デリダが使っている言葉では、「脱臼《だっきゅう》させる」ということです。「脱臼」、要するに一旦、一般的な価値体系を壊すという意味です。

テキストを読むときに、普通のコード通り、つまり自分が習った時代のコードを一旦、脱臼させる、外すわけです。脱臼とは、私たちの骨をつなげている関節を外すことです。その骨を一旦、外すのです。そして、違うところにくっつける。

マルクスの『共産党宣言』を脱臼させたらどうなるか？　そもそも脱臼ということを一番明確にしているのが、この中に出てくる妖怪・幽霊の話です。これは『ハムレット』に登場する亡霊と掛けている。マルクスは、それを明確に述べているわけではない。これをハムレットに合わせて読み込んでいく。まっとうな研究者が見ると、「そんなバカな」ということになります。しかし、これはメタファーである。このような読み方は、序章で取り上げたユダヤ的読解法の「ミドラーシュ」的な読み方に近い。デリダはもちろんユダヤ人です。

ミドラーシュの三つの読み方

ユダヤ教では『旧約聖書』はあまり読まれません。『旧約聖書』を解釈する「タルムード（Talmud）」という文書群が重要です。『旧約聖書』に書いてある様々な出来事を、ラビ（ユダヤ教の指導者、学者）が現実の問題として解釈した文書であり、それを現実の生活体系、法体系に当てはめていくわけです。それが「タルムード」です。

また、「タルムード」とよく似た、そもそも聖書に書いてあることを、どのように読んでいくかという解釈学がある。それがミドラーシュ（Midrash）です。これは『旧約聖書』に書いてあることを読み換えて解釈する方法です。この解釈法が、ある意味で現在のヨーロッパの学問の基本をつくっているともいえます。

序章で述べたことを繰り返しますが、ミドラーシュには基本的に三つの読み方があります。その前に、まず、聖書を読むときに、字義通りに読む方法がある。しかし、そうするとどんどん問題が起きる。もちろん聖書は、紀元前5世紀くらいに、多くの話をくっつけたものですから、矛盾が起こるのは当たり前です。たとえば、神は6日目に人間をつくったとき、女性もつくっているのに、アダムの肋骨から女性がつくられたとすぐ後に出てくる。字義通りに読むと、まったくおかしな本になる。字義通りというのは、現在の私たちのコード体系、きわめて合理的で科学的なコード体系からすると、どんどん問題が出てくる。

そこで、ミドラーシュの読み方です。一つ目が、まったく自由に読む。そもそも、聖書をはじめすべてのテキストはレトリックであると考えれば、個々の内容の意味よりも、何を言わんとしているのかを考えながら、いわば牽強付会に読む方法です。

2番目の読み方は、未来への預言として読む。これはあくまでも未来社会を見据えて、預言を述べていると解釈する。一つの目的を持った読み方です。この読み方は、今でもよく使われます。「この本って何のために読むの?」という問いが、そのことを示しています。これを小説に当てはめると大変なことになります。なぜなら「小説を読んで何か未来が開けるの?」と聞かれたら、途端に困りますから。しかし、そういう読み方もできる。

でも、コード体系を一旦外せば、意外によく読める。これはメタファー(寓意)であるとして読む。史実や事実を書いたものではなく、何かを表現する隠喩的なものとして読む。これが3番目の読み方です。

1960年代の映画界では、「ヌーヴェルヴァーグ」◆135が流行りました。流行ったといっても一般の人には受けず、結局、消えていきましたが、知的な人には歓迎された。映像全体が、メタファーだったからです。映像をそのまま受け取って観ていても、何が言いたいのかわからない。ちょうど抽象画を観るのと似ている。抽象画に対して、具象画のコード体系を当てはめると、たんに絵の具の塊に見える。まさにそこにメタファーとして、預言として読み込むといった工夫が、観る側には求められる。

預言としての読み方を一番最初に示したのは、キリストです。キリストは神から預かった言葉として未来を語った。ユダヤ教の『旧約聖書』の解釈を、預言の書として処理しました。キリストは預言の書として『旧約聖書』を読み、「モーセは最終預言者ではなく、われ、キリストこそが最終預言者である」と読み換えた。これには、ユダヤ教のラビたちも参った。それを聞いた途端、ユダヤ教のラビたちは、『旧約聖書』を寓意として読むことに絞った。未来社会ではなく、今の社会の寓意として読み込むことにした。

学術書の読み方は、この三つの方法でだいたいカバーできます。つまり、作者の書いたものを切り取りながら、まったく新しい形で読み換える作業です。作者の言いたいことは、本当はこうだという形で、牽強付会に、メタファーとして、預言として読む。優れた研究といわれるものは、こうした読み方ができるものです。たんに、この本にはこういうことが書いてあると、その時代の価値コードに合わせて読むだけでは、いい研究にならない。価値コードがずれると意味を失うからです。

デリダという人物は、こうした読み方でマルクスを読んだ。『マルクスの亡霊たち』という本はその意味で面白いのですが、少しやりすぎのところがある。しかしそれは、私の言葉で言

◆135 **ヌーヴェルヴァーグ**　１９５０年代末に始まったフランスの前衛的な映画運動、その潮流のこと。フランス語で「新しい波（Nouvelle Vague）」という意味。代表的な監督・演出家は、ジャン＝リュック・ゴダール、フランソワ・トリュフォー、クロード・ルルーシュなど。

えば、「裏読み」として認められるものです。

ジャーナリストとしてのマルクス――タイトルの妙

マルクスはレトリックの天才です。天才というか、「この野郎、何でここまでやるんだ？」というくらいに、ちょっと酷なレトリックを使う。とにかく、本の表題からしてそうなのです。よく伝記にはこう書いてある。「マルクスは真面目な人で、一所懸命、机に向かって勉強し、そして真摯な態度で宿敵を批判した」と。全然違います。この人はジャーナリストなのです。マルクスの本はある意味、嫌らしいほど風刺に満ちている。

たとえば、『哲学の貧困』という書物があります。このタイトルだけを見ると、「ああ、哲学を批判した書物か……」と思う。そうではありません。彼の宿敵プルードンが『経済的矛盾の体系――貧困の哲学』◆136（１８４６年）という本を書いたのですが、これを批判するために、相手のタイトルを逆さまにして『哲学の貧困』とした。意味がまったく変わってくるでしょう。

プルードンの『貧困の哲学』は、真面目なタイトルです。「貧困が今起こっている。この喫緊の問題に対して、私はそれを哲学的に解決すべく、その治療の方法を書いた。それが貧困に対する哲学だ」というわけです。しかし、このタイトルを逆さまにしたらどうなります？「お前の本は哲学、哲学と言っているけど、まったく哲学がなってない。哲学が貧困なんだよ！」という厳しい批判、痛烈な風刺になる。相手を揶揄し、怒らせるようにわざと書いているわけです。嫌らしい。これはまさに、ジャーナリスト的感覚です。

それから『聖家族（神聖家族）』◆[137]（1845年）というタイトル。聖家族（イエス・キリストの家族）、これはキリスト教の本のように見える。もしタイトルだけを見たら、この本は宗教コーナーに置かれるでしょう。

かつて一橋大学の太田可夫《おおたよしお》氏◆[138]が、ジョン・ロックについての研究書のタイトルに『力について』（『道徳哲学の形成――力について』新評論、1985年）とつけた。ロックの「力」というのは「権力」のことですが、書店はそれを知らずに物理学のコーナーに置いた。まあ内容を知らなければそうなります。これは噂であり、本当かどうかは知りませんが……。

『聖家族』は、哲学批判の書物です。しかし、批判されている人々の哲学は、哲学であるよりも宗教的である。まさに、聖家族という面々と言ったほうがよい。だから、そういうタイトルをつけた。まさにこれも風刺です。マルクスは、このタイトルをつけて、批判すべき相手を哲学の領域から宗教の領域に押し込め、読む前に読者に偏見をすり込ませようとしたわけです。「神の世界の聖家族の連中はいいよな、あの聖人たちは」というふうに、本を買う前に思わせたのです。「いったい、この聖人たちは、どんなたわけたことを言っているんだ」と批判する

◆136 **『経済的矛盾の体系――貧困の哲学』** 邦訳は斉藤悦則訳『貧困の哲学』上・下（平凡社ライブラリー、2014年）。
◆137 **『聖家族（神聖家族）』** 『マルクス＝エンゲルス全集』第2巻、大月書店、1960年。
◆138 **太田可夫**（1904～1967）哲学者。一橋大学教授。

わけです。「彼らの言っていることは、まるでこの聖家族みたいだ」と。

それから『ルイ・ボナパルトのブリュメール18日』というタイトルも面白い。この長ったらしいタイトルには、歴史に詳しい人なら「えっ⁉」と思うはずです。「ブリュメールの18日」とは、ナポレオンが権力を握った日です。それは甥のルイ（ナポレオン3世）ではなく、叔父のボナパルトのほうです。ルイ・ボナパルトではない。でも、どうしてルイ・ボナパルトが「ブリュメールの18日」のナポレオンと一緒なのか？

これは当時の人々には、すぐにわかります。つまり、ルイ・ボナパルトは、叔父ナポレオンと同じようにクーデターを起こしたわけです。でも、それを表現するのに『ルイ・ナポレオンのクーデター』というタイトルでは、あまりにもありきたりになる。強烈なパンチが欲しい。そこで「ブリュメール18日」にたとえた。これぞ、ジャーナリスト的センスです。

マルクスの抱腹絶倒本

マルクスの文章には、とにかくやりすぎ、とてもじゃないけど読めないという代物もあります。『亡命者偉人伝』（1852年）と『フォークト氏』（1860年）が双璧でしょうね。

フォークトは人の名前で、批判すべき相手にあえて慇懃に「氏」と敬称をつけるわけです。これは慇懃無礼というもの。

『亡命者偉人伝』もタイトルが凄まじい。イギリスに亡命してきたマルクス自身の旧友たちを〝偉人〟に祭り上げ、コテンパンにやっつける。まあこれは、ある意味の嫌味です。彼らはマルクスと同じ亡命者ですが、イギリスの新聞に紹介されるなど、何かとチヤホヤされている。ところが、マルクスのほうはまったく紹介さえもされない。いくぶん嫉妬気味に批判する。このけなし方に、レトリックが多用されている。だから、読むのは大変です。しかし、抱腹絶倒、大爆笑！　ものすごいですよ。これはちょっとあまりにも言いすぎとか、批判されている当人が見たらどう思うだろうという、きわどいものがたくさんある。

マルクスは、『亡命者偉人伝』を出版するつもりだったのですが、実は出版されなかった。その理由も面白い。たまたま、ハンガリーからの亡命者がいて「出版関係者をたくさん知っているから、俺が出版社を見つけてあげるよ。だから、この原稿を預からせてくれ」と言って、持って行った。ところがその人物は、プロイセンのスパイであった。マルクスはロンドンの亡命者たちののことを、結果的にばらしてしまったわけです。でも、心配はありません。当時の警察のレベルでは、この本の内容はレトリックが多すぎて理解できなかったと思われます。

あるとき、社会主義者のフォークトが「マルクスさんよ、お前さんはスパイじゃないのか？ルイ・ナポレオンからお金をもらっているスパイだろう？」という暴露記事を書いた。それに激怒したマルクスは、1年間『資本論』の執筆を中断して資料を集め、反批判の本を書いた。それが『フォークト氏』です。これも凄まじい。読んだ人は「個人的な恨みで怒っているのはわかるけれども、何を言っているか、さっぱりわからない」かもしれません。

どうしてこんなにレトリックが多いのかというと、これが当時のしきたりでもあったからです。19世紀の知識人にとって、こうした書き方は比較的普通だったわけです。

「汝の道を歩め」という引用のレトリック

『資本論』序文も面白い。それは序文の一番最後の部分です。こういう引用をしながら相手をギャフンと締めつけている。

「私は科学的ならばどんな批判でも歓迎する。いわゆる世論なるものに少しも妥協しなかったのであるが、その偏見に対しては、依然として偉大なるフィレンツェ人の格言が私のそれである。

〝汝の道を歩め。そして人々の語るに任せよ〟Segui il tuo corso, e lascia dir le genti!」[139]

これは有名な言葉です。ダンテの『神曲』[140]の「地獄篇」に出てくる。この言葉を知っている人は、すぐに意味が理解できる。これは決意の言葉である、ということがわかるのです。

だからマルクスの本を読むには、あれもこれも知っておかねばならない。本当に博識になるしかない。私も、マルクスのお陰でたくさんの本を読まされました。その引用は膨大なものです。それを一つひとつ読んでいかなくてはならないのですから、もう大変。結果的に教養がつく。『資本論』は読者を教養人にするための本だったのか！　まさにそうなんです。

次の文章も「序文」にある。「ドイツの読者がパリサイ人のように、イギリスの工場労働者や農業労働者の状態について肩をすくめ、あるいはそれと同時に楽観的にドイツでは、ことは長い間そんなに悪化しないのだといって、自らを慰めているとすれば、私は彼にこう呼びかけなければならない」[141]。そこにラテン語の一文が引用されています。

De te fabula narratur !

その意味は、「お前の言っていることは、みんな、やがて自分に巡ってくるよ」ということです。これはホラティウス[142]の言葉です。

ドイツ人は「我が国はイギリスとは違うから、イギリスみたいにはならない。だから、イギリスのことを書いている『資本論』はわれわれには不要な本だ」とパリサイ人のように考えているとしたら大間違いである。イギリスで起こっていることは、社会の必然的な法則でやがてドイツにも起こる。気をつけておいたほうがいい、というわけです。

マルクスは、高校時代、つまりギムナジウム（6年間）時代に、上級学年の2年間にホラテイウスを学んでいるのです。そのとき丸暗記したものが、当時の知識階級のレトリックのバックボーンになっていたわけです。だから、一般読者もこうした言葉はよく知っていた。マルクスが引用するラテン語は、ある意味、知識人としての一つの儀礼なのです。日本語の四字熟語

◆139『資本論』初版序文、前掲書6ページ
◆140 **ダンテの『神曲』** 13〜14世紀、イタリア・フィレンツェの詩人ダンテ・アリギエーリ（1265〜1321）の代表作。
◆141『資本論』初版序文、前掲書6ページ
◆142 **ホラティウス**（紀元前65〜同8）古代ローマ時代のイタリアの代表的な詩人。

と同じようなものかもしれません。日本語で、このラテン語に該当するものを選べば、「他山之石」となる。他山之石と書けば、しっかりと相手に伝わるわけです。

死者によって悩まされる――資本は過去の労働の賜物

それから、こんな文章があります。これはマルクスの『資本論』全体を貫く重要な言葉でもあるのです。

「われわれは生者に悩まされるだけでもなく、死者によっても悩まされているのである Le mort saisit le vif !」◆143

これは有名なフランス語の言葉です。「死者が私たち生ける者を虜《とりこ》にしている」という意味です。当時、この言葉をどんなふうに使っていたかというと、死んだ人の遺産相続を巡って仲違いしたりすることに使っていた。「死者が遺産を残さなければ、こんな喧嘩は起こらなかったのに、どうして死んで何年経ってもこんなことで仲違いしているんだ?」ということを意味する格言として、使っていたわけです。死者が生きている人間を悩ましているということです。

なるほど、今、私たちを動かしている資本主義社会の資本というものは、過去の労働の賜物です。その過去の労働が、私たちを地獄のように働かせているわけです。『資本論』の「資本」とは「過去労働」のことです。過去の労働が結晶し、その過去の労働が生きているわれわれ生身の人間を動かし、命をすり減らさせる。だから「生者に悩まされているのではなく、死者によって悩まされている」という表現が出てくる。これは、まさに資本そのものを意味する表現です。つまり、『資本論』の内容は、序文の中にもうすでに書いてある。資本はまるでゾンビです。生きているわれわれにまとわりつき、生きているわれわれをズタズタに苛《さいな》むんだ、というのです。

メドゥサの頭

もう一つ、こんな表現があります。

「ドイツ他のヨーロッパ大陸の社会統計は、イギリスのそれと比較すると貧弱である。それでもそれらの統計は、まさにその背後にメドゥサの頭が隠されていることを感じさせるほどには、ヴェールをめくっている。ペルセウスは、怪物を追跡するために魔帽を深く目や耳を覆うほどにかぶりでもしない以上、この魔物の存在を否認するわけにはいくまい」[144]

どういうことでしょうか？　これはギリシャ神話を知っていれば、すぐにわかります。ペルセウスはメドゥサ[145]を槍で刺し殺すのですが、メドゥサの目を見た者は石になってしまうから、目を見ないでそれを行なわねばならない。どうやって目を見ないで殺したらいいか？　そこで

◆143『資本論』初版序文、前掲書4ページ
◆144前掲書4ページ
◆145**メドゥサ**　ギリシャ神話に登場する怪物。その目を見た者は石になってしまう。メデューサ。

鏡を使う。

ドイツやイギリスには統計データがある。しかし、多くはその統計データを見ようとしていない。本当に見ればどうなるか？　ひとたび見たら、そのあまりの酷さで石になってしまう。ドイツの状態は酷い。これをメドゥサにたとえて説明しています。

多分、19世紀当時の知識人ならば、これを読めばさっとわかるのでしょうが、現在の私たちはこれがよくわからない。「いったい何なんだ？」となる。これを理解するには、ギリシャ神話を読まねばならない。

ギムナジウムのカリキュラムには、ギリシャの詩や神話が組み込まれていました。これはマルクスの時代ならば、高校レベルの教養です。しかし、これを知らない私たちから見たら、よくわからない言葉となる。こういうレトリックがあるということを、まず理解しておかなくてはいけないのです。

レトリックを駆使した警鐘

次もまた、意味深長な『資本論』の中の言葉です。

「18世紀のアメリカ独立戦争が、ヨーロッパの中産階級に対して警鐘を鳴らしたように、19世紀のアメリカの内乱は、ヨーロッパの労働者階級に対して警鐘を鳴らしている」◆146

今度は歴史の問題です。サラリと書いてあるが、この文章もなかなか難しい。

『資本論』第1巻は1867年に出ています。よって、読者はその数年前にアメリカで起こった事件をよく知っているわけです。アメリカで起こった内乱とは、南北戦争（1861～65年）のこと。アメリカの独立戦争のほうは、1776年の独立宣言に始まる10年くらいの過程です。このアメリカの独立戦争が、当時のヨーロッパの中産階級に対して警鐘を鳴らしていると言っている。

それはどういうものなのか？　18世紀のアメリカの独立戦争からフランス革命（1789年）が生まれた。フランス革命では、フランスの中産階級、つまりブルジョアが市民革命を起こした。つまり、それは1776年のあのアメリカの独立戦争から理解できることである。「そうだな、その連関は間違いない」とまず思わせる。

であれば、つい最近起こったアメリカの南北戦争は、同じようにヨーロッパに影響を与える。それが1866年の経済恐慌であった。「最近仕事もないし、失業中なのだが、アメリカの内乱（南北戦争）は、18世紀の独立戦争がヨーロッパに革命をもたらしたように、新たな革命をもたらすかもしれない」ということを述べています。「革命」とは書いていませんが、そこにそうした意味を含ませている。しかし、当時こんなことをダイレクトに書いたら検閲に引っかかる可能性がある。だから回りくどくして、それとなくわかるようにしている。

◆146　『資本論』初版序文。前掲書4ページアメリカの内乱、すなわち南北戦争によって、アメリカのイギリスへの輸入綿花が滞って、綿花恐慌が起こります。その影響で当時のイギリスは相当状態が悪かった。アメリカから輸入できないので、インドにそれを求めた。しかし、南北戦争が終わり、その思惑がすっ飛んだ。それが1866年の経済恐慌です。綿業者の仕事がなくなる。これがヨーロッパ全体の恐慌と不況を呼んだのです。まさに不穏な状態だった。

実際、これはある革命を引き起こすことになるのです。それは何か？　パリ・コミューンです。マルクスの予想通り、それは起きたのです。『資本論』第1巻出版（1867年）の4年後、1870年に戦端を開いた普仏戦争（1870〜71年）とそのさなかの1871年にパリ・コミューンが宣言され、パリの革命政権が成立した（3月18日成立〜5月28日鎮圧）。

1864年に第1インターナショナルができます。そして、マルクスが『資本論』第1巻を書き上げた頃に、だんだん労働者の権利運動、8時間労働や労働組合の合法化などが進む。マルクスの『資本論』はそんな時代に出版されている。政治的には労使緊張の時代、緊迫感のある時代だったのです。だからこの一見、学術的に見える書物も、それなりにジャーナリスティックな、刺激的な本だったというわけです。

過去を復元するには——マルクス学へ

私は、大学院の学生から助教授くらいの頃まで、マルクスを19世紀の文脈に戻す作業をしていました。どういう作業かといえば、20世紀のわれわれの視点を一旦捨て、19世紀の視点で読むということです。19世紀の世界を再現してみようと思ったのです。もちろん、簡単ではないわけです。最初に、マルクスの生まれ故郷である18世紀から19世紀のトリーアの町を、いわば復元したわけです。当時の社会をなるべくその時代に照らして見る。現在の発想を排除するという方法です。何を食べたか？　どんな音楽を聴いていたかなどを復元していく。それが『トリーアの社会史』（未来社、１９８６年）という本です。

この本に対しては、当時、厳しい批判もありました。「お前みたいな若造（当時、著者は34歳）が知ったかぶりしやがって！　19世紀のことなんてわかるわけがないだろう」と。でも、「そういうあんただってわからないだろう」とやり返しましたが、それはそうです、１５０年も前のことですから、誰にもわからない。

当然ながら、20世紀の私が書いたのだから、19世紀のドイツの街になるはずがない。それは当然なのです。それでも一度やってみると、どう見えるか？　まさにそうすると現在の解釈に亀裂が入る。すなわち、現在の価値コードの体系が崩れる。つまり、コードを「脱臼」させてみたかったわけです。

要するに、自分の頭の中の偏見、つまり「ヨーロッパはこう」「フランスはこう」という偏見を、一旦、全部捨てるために、19世紀前半のドイツのある街を復元する。その時代のマルクスが、何をどう見ていたかを探りたかったのです。こうして私の偏見を脱臼させる。そうすれば、新しい、違う形でマルクスを読み込めるんじゃないか、という思惑がありました。

この作業は大変面白かった。これはずいぶん長くやりました。マルクスを１８４８年革命くらいまで追っかけた。当時のパリやブリュッセルを復元しようとした。そうすると、思わぬことがわかってくるのです。私たちが見ている世界とは違う世界を、当時の人々は見ていたことがわかる。当たり前ですが。

こうした復元方法を私は「マルクス学」と呼んでいた。マルクス研究ではなく、「マルクス学」研究なのです。

当時はまだソ連・東欧が崩壊していませんから、マルクス研究は今よりもずっとドグマ的（独断的、教条的）でした。だから、そのドグマを壊すには、一見すると実証的な資料研究という体裁を採りながらも、根本からそのドグマを打ち砕く必要があったわけです。とはいえ、ソ連・東欧の崩壊後、マルクス主義が衰退し、そうしたドグマも崩壊したおかげで、この方法を採ることの意味はなくなりました。

そうした腹積もりとは別に、この実証研究はきわめて面白かった。毎年１か月はヨーロッパに滞在して、資料を調べたり、街を歩いたりする。たとえば、１８７０年代にエンゲルスは、マンチェスターからロンドンに移ってくるのですが、ロンドンのエンゲルスの住居からマルクスの住居まで、歩いて何分かかるのかといったことも調べました。これはもちろん、当時の古い地図を見なくてはいけません。その後に新しく通った道路だと、正確にはわからない。一見つまらないことですが、いろいろなことがわかってきます。

私たちの価値コード体系も、この30年で変わりましたが、19世紀のコード体系は現在とはまったく違うわけです。もっとも、私は歴史の専門家ではないので、19世紀の価値コード体系を発掘すること自体に意味を求めていません。それでは、ただのノスタルジーになりかねない。それを一旦、われわれの現代に戻してみて、いったい何がわかるのかという問いを発する作業が私の仕事です。

信仰より貨幣

次の文章はどうでしょう。

「経済学の取り扱う特有の性質は、もっとも激しい、もっとも狭量な憎悪に満ちた人間の内奥《ないおう》の劇場である」◆147

これは何となくわかりますよね。経済学が取り扱っているのは、お金に関するシビアな世界、人間のドロドロした問題であるということですね。生きていくのは厳しい、批判するのもいいが、そればかりでは仕事がなくなります。経済学者といえども、お金をもらう以上、世間に媚びなくちゃいけません。

◆147『資本論』初版序文、前掲書5ページしかし、次の文章は少々頭をひねらざるをえない。

「イギリスの国教会派は、その39か条の38に対する攻撃には我慢できるが、その貨幣収入の39分の1に対する攻撃には我慢できない。今日では、無神論は受け継がれた所有関係の批判と比較すれば、ひとつのculpa levis（軽い罪）であるといってよい」◆148

16世紀、離婚したかった国王のヘンリー8世（在位1509〜47）は、離婚に対して厳しいカトリック（ローマ・カトリック教会）が嫌だと言って、自分で新しい宗派（イングランド国教会）をつくって自らそのトップに立ちます。そこで聖公会大綱「39か条」を制定する。その中の38の条文には、それぞれ聖職者や宗教的伝統のことが定められている。こうした条文について、いくら批判されても、今やまったくかまわない。しかし、ことお金のことになるとそうはいかない、というわけです。教会も今では、所有関係にはうるさいが、宗教的儀式にはあまり関心がなくなったということです。

経済というものが、ドロドロしたものであることは、この文章を読んだだけでストレートにわかります。

真実を知るには勇気が必要だ

私の大好きな文章を最後に取り上げます。『資本論』第2版の「あとがき」です。パリ・コミューンなどもあり『資本論』が売れ始め、分冊版を出すという計画が持ち上った。マルクスは、そのとき初版に向けられた批判、「お前の文章は難しい。お前の文章は何を言っているのかさっぱりわからん」という文句にそこで答えたわけです。

マルクスはこう言います。「私のこの本に対して、ロシアの人たち、あるいはドイツ人の一部はむしろ褒めている。私の文章はすごい」と。ドイツではいろいろな批判も出たが、ロシアでは評判であった。『資本論』は、「若干のあまりに特殊な例外を除けば、叙述は理解しやすく、明瞭である」と。まったく異なる批評が掲載された。「まれに見るように活き活きとした点で際立っている。この点において著者は、ドイツの他の学者とはまったく違う。ドイツの学者たちは、その著書を難解でひからびた言葉で書いているため、普通の人には頭が割れるように痛くなる」◆149と。『資本論』はわかりやすい。むしろ、それ以外の経済学の本のほうが難しいというのです。

マルクスはずばりと真実を突いているから、その気になればむしろわかりやすい。一方、ドイツの経済学者たちは、体制に媚びるために嘘を言おうとしているから、難しくなっているのだというわけです。実際『資本論』は、一般の俗流経済学者の本よりよほど読みやすい。しかし、その分、真実を知るという勇気が必要になります。

◆148 『資本論』初版序文、前掲書5～6ページ
◆149 『資本論』第2版あとがき、前掲書12ページ

〝死せる犬〟の弟子にならん

最後にこんな文章が出てきます。

「私は、ヘーゲルの弁証法の神秘的な側面を、30年ほど前に、すなわち、なおそれが流行していた時代に、批判した。しかし、ちょうど私が『資本論』第1巻の執筆を続けていたときには、いま教養あるドイツで大言壮語しているあの厭わしい不遜な凡庸な亜流が、誇らしげに、レッシングの時代に勇ましいモーゼス・メンデルスゾーン[150]がかのスピノザを取り扱ったように、すなわち〝死せる犬〟として、ヘーゲルを取り扱っていた。したがって私は、公然と、かの偉大なる思想家の弟子であることを告白した[151]」

ちょっと持って回った言い方ですが、要するに、ヘーゲル・ブームがかつてあって、誰も彼もが「ヘーゲル、バンザイ。ヘーゲルって最高だ」と言っている時代に、私《マルクス》はむしろそうしたブームを冷めて目で見ていた。しかし、それから30年が経って、「ヘーゲルなんて役に立たないよ。ヘーゲルをやっているやつはバカだ」と言われる時代が来たときに、あえて私は「ヘーゲリアン」であることを主張したのだと言っているわけです。これは、すごいことでしょう。

この序文でマルクスは、ヘーゲルと対比してスピノザを取り上げている。17世紀に高名だったスピノザは、18世紀においてはもはや〝死せる犬〟と言われていたのですが、スピノザと同じユダヤ人だったモーゼス・メンデルスゾーンが、スピノザの死を告げた。スピノザは死んだ。

しかし、私《マルクス》は今ここにヘーゲルを復活させる、と。

しかし、このヘーゲルは、昔のヘーゲルではない。ヘーゲルを復活させるのだけども、これは新しい価値コード体系のもとに復活するヘーゲルであると言っているのです。

この文章は、フランスの哲学者、ルイ・アルチュセール◆152の『マルクスのために』㈠（1965年）という書物に関連しています。アルチュセールのこの本のタイトルの意味を知る上での重要な鍵になるのです。なぜ、こういうタイトルになったかを知るには、こう読めばいい。

「スピノザの死後、弟子たちが彼の作品『エチカ』を出版したことで、スピノザは後世に残った。ヘーゲルもマルクスがいたおかげで後世に残った。かわいそうなのがマルクスである。マルクスはそのあとにマルクス経済学者、ソビエトの学者など、たくさんの亜流が出てきたが、みんな何もわかっていなかった。今、19世紀から20世紀になって価値コード体系が変わったときに、新たな目でマルクスを読み直し、マルクスを復元する努力を誰もやっていないじゃないか。それを私があえてやろう」というのが、『マルクスのために』という本なのです。

だから、『Pour《プール》 Marx《マルクス》』の邦訳タイトルとしては、『マルクスのために』がふさわしい。そうじゃないとダメなのです。これはレトリックによる表題になっているわけです。

◆150 **モーゼス・メンデルスゾーン**（1729〜1786）ドイツのユダヤ人哲学者。

◆151 『資本論』第2版あとがき、前掲書17ページ

◆152 **ルイ・アルチュセール**（1918〜90）フランスの哲学者。20世紀の代表的なマルクス主義者の一人。

新しい「ヘーゲルの読み方」とは何か？　それは、ヘーゲルの弁証法を生き返らせたことである。それはヘーゲル自身の弁証法とはまったく違うもので、現実の社会を分析するものである。このあとがきが書かれたのは１８７３年、まさにパリ・コミューン直後のことです。だから、私の弁証法はヘーゲルとは違い、歴史を変えるものである、と高揚した気概を述べているのです。

このようにレトリックを読み込むことで、既存の価値体系を壊し、新しい読み方ができるということがわかったはずです。

第4章

人間は何者にもなりえるが、何者にも左右されない

情報を受け取る人間に聞く気があるか?

この章の課題は、私が対象をどう認識するかではなく、「認識する私は何であるか?」という話です。実際、同じ情報が流れていても、聞く側の私の気分でその情報は伝わったり、上の空だったりする。それはなぜなのかということです。

お腹が痛いとき、風邪を引いているとき、高熱を出しているとき、私たちはきちんと情報を受け入れられるかどうか? こんなとき、実際には何も聞いていない状態といってもいい。私たちはある環境の中にいて、その中でしか物事を認識できない。第一の環境は、私の頭の認識を支配する肉体です。お腹が痛いとか、周りで工事をやっているからうるさいといったことは、この肉体的環境の問題です。しかし、一方で私は日本人であり、日本という環境の中にあります。それは当然のこととして日本語を母語としていますので、日本語という限界の中で生きています。さらにその中で、日本という国のしきたりや日本という国のイデオロギーに支配されています。だからある情報に対して、こうした環境によってすでに規定されているので、他国の人と同じように認識しているわけではないということです。

すでにその点で、色眼鏡がついていることになります。真実はそれ自身としてあるのではなく、それを理解する人間の環境によって変化するというわけです。

でも、「そのようにしか、ありえないじゃないか?」と言ってしまったら、この話はそれで終わりですが、そうした環境を超えて、もっと本来の形で対象や情報を認識できないかという問題が出てきます。私のように大学、教育界で生きている人間にとっては、これはかなり重要な問題なのです。学生に講義をしていますけれども、学生たちがそれぞれ好き勝手に私の話を理解し、気ままに妄想の世界に入ってしまったらどうなるか？　実際には、もうそうなっているかもしれません。

飛行機に乗ると、飛行機が離陸する前に、キャビンアテンダント（客室乗務員）が、緊急時の対応について動作を交えて説明します。しかし、これをいったいどれくらいの人が聞いているでしょうか？　乗客はおそらく、大したことではないと思っている。何度も飛行機に乗っている人でも、緊急時のことはよくわかっていない。そうだとすれば、一度しっかりと聞かねばならないのですが、たんなる形式だと思い、まじめに聞かない。

あれを見ながら、私の講義も同じかなと思ってしまいます。自分では「今日の講義はうまくいった」と思っていても、「先生、誰も聞いていませんよ」と学生は言うかもしれません。２００人が２００人とも、みんなスマホをやっていただけかもしれません。いやいや、真面目な話です。

情報はどんどん流れているのですが、聞く側が聞くという気構えを持っていない。そうだとすると、話は伝わってはいないはずです。

これはやや極端な話なのですが、私たち人間は、空間的な共通性を持たないと話が通じないということです。これは非常に大きな問題なわけで、《世界の本質をつかむ》なんて大きなテーマを掲げても、つかむ側が「つかむ気なんかねえよ」ということだったら、ほとんど無意味になるということです。そこであえて、街をうろついているヤンキーの少年に向かって、「おい、世界をつかめよ」と声を掛けたとしても、「余計なお世話だ」と返されるのが落ちです。でも、「世界をつかんだら面白いよ」と説得できる力を持てば、相手も変わる。それが「共通の空間を持つ」ということの意味です。

実は教師という仕事の多くは、情報を伝達することよりも、いかにしてその気にさせるかということにあります。「単位さえもらえればいい」ということであれば、講義がなければ楽勝、試験がなければ聞く必要もないということになる。聞く側、理解する側の人間をどう育てるのかという問題は、人類2500年の大問題なのです。

なぜ人間は迷うのか？

この問題に関連して、マルクスの『経済学・哲学草稿』（1844年）と「フォイエルバッハのテーゼ」（1845年）というほぼ同じ頃に書かれた文章を使って考えてみます。

本章の表題は「人間は何者にもなりえるが、何物にも左右されない」となっていますが、これは実際には簡単ではない。人間はたいてい独立した視点というものを持てない。なぜ、私たちは自分が自分になれないのか？　われわれはたいてい自分自身以外のものになってしまっている。だから、本当の自分を引き出すという作業に昔の人々は取り組んだわけです。

12世紀にモーゼス・マイモニデス（１１３５～１２０４）という、有名なユダヤ人思想家がいます。マイモニデスは『迷える者の導きの書』という本を残しています。この書物の「迷える者」というのはわれわれ人間のことで、迷える人間をいかに導くかということを問題にしています。独立した人格として生きていく方法を指南する書物です。

こんな文章が冒頭にあります。

「人間の理性は環境の中にあることに魅惑され、律法の文字通りの解釈にもとづく教えを受け入れたり、正したりすることが困難である」◆153

律法とはトーラー（Tora）といって、『旧約聖書』の「モーセ五書」のことです。ユダヤ教の場合、とりわけ『旧約聖書』の最初の五つの話が重要で、これが律法になっている法律のことをトーラーという。たとえば十の戒めがあります。しかし、人間はそれを簡単に守れない。忘れてしまう。なぜ忘れるのか？「人間は不安と迷妄の中で迷ってしまう」からです。なぜ、迷ってしまうのか？

昔の人は、人間をどう理性的にするかを考えていました。たとえば、「創世記」の頭で、六日目に人間がつくられます。神に似せてつくられた人間には、神のような理性がインプットさ

◆153 Moses Maimonides, *"The Guide for the Perplexed,"* Dover Publications, New York, 1956.p.2

れました。肉体というハードは動物と同じなのですが、それを動かす起動メモリーには、理性というソフトが埋め込まれたのです。私たちの中には、最高級のソフトが入っているのです。ですが、肉体のほうは問題です。神はその辺りにある泥をこねて、人間をつくったとあるのです。この泥の塊に理性が埋め込まれているところに、すべての問題がある。泥人形に理性をぶち込んだ。神の場合、身体がない。神は理性それ自身ですから、お腹も空かないし、欲情も持たない。いわゆる身体を持たないことで、すべての雑念を吹っ切れているわけです。

われわれ人間は、身体の中で理性と欲との葛藤がある。神はある意味、賭けをしているわけです。人間は肉体の中で、理性と欲望のどちらを優先するか、という賭けです。

どうやって理性の世界に人間を持っていくか？　そのためにはどうしたらいいのか？　そこに神の最大の問題があったわけです。言い換えれば、私たちがこの世界を理解しようとするとき、身体のほうで理解するか、それを一旦切って理性で理解するか、という問題です。理性だけで考えられれば、素晴らしい。でも、それはできません。今、この本を読みながら、長時間にわたって理性的なままでいられる人はどれくらいいるでしょうか？　目が疲れれば、お腹が空けば、文字を読むのに飽き飽きすれば、すぐに本など放り出したくなります。

つまり、われわれはつねに身体の規制を受けているのです。人間に身体というものがある限り、しっかりと本質を理解できないのです。神が与えた理性は、神が与えたものである以上、真実を知るには神のレベルに達しなければならないのですが、身体のない神に近づくには、身体を超えねばならず、それができない。

だから、ここで「理性を完全にまっとうするにはどうしたらいいか？」という問題が生じます。それを実現するためには、おおかた二つの方法がある。

一つは神にお祈りして、神の啓示を待つというもの。もう一つは、人間の中でも本当に優れた人間にしかできないことですが、修行に修行を重ねて、その理性の域に到達するというもの。身体を捨て去るわけです。理性だけになる。偉いお坊さんはこういう存在でしょう。しかし、こんなことは、普通の人にはとてもついていけません。そこでたいてい諦めます。

「永遠の相」でものを見るとは？

そんなふうに諦めてしまった典型的な人物が、17世紀のデカルトです。彼は神に近づくことを諦めたのです。人間は最初から理性的だと考える。身体上の制約という問題はあるけれども、最終的には人間は真実をつかみえると考えたわけです。「我考える、ゆえに我あり」。理性的な人間である私が考えるのだから、私の理性で分析すれば本質は理解できるという意味です。すべての人間は真実がわかるようできているのだと、最初から考えるわけです。しかし、これは身体の問題をそのまま切り捨ててしまっているのです。

身体を抜きにして理性だけで理解できるかどうかは、長い哲学的議論を前提にするしかありません。たとえば、書かれた文字があって、それをその字義通りに理解できるかというと、そうではないというのが事実です。身体の状況、心の持ち方次第で理解がずれてくる。また、住んでいる時代、社会、個人によっても千差万別である。同じ絵や写真を見るにしても、人によって同じように見えるかどうかは、あくまでも同じように見えるはずだと勝手に考えているだけで、同じように見えているわけではないのです。私たちは当然、今の世界の見方で絵や写真を見るわけです。だから、今の見方で見れば「こうなる」としても、昔の人も「そのように見た」とは言えないわけです。今の人はそう見るが、昔の人はそう見ない可能性がある。

ちょっと難しい話ですが、この認識の問題を少し考えましょう。

デカルトと同時代人のスピノザの話をしてみましょう。スピノザの文章を引用します。翻訳は畠中尚志[154]先生の岩波文庫です。

「しかし人間が一般的観念を形成して、家、建築物、塔などの型を案出し、事物について他の型よりもある型を選択することを始めてからというものは、各人はあらかじめ同種のものについて形成した一般的観念と一致するように見えるものを完全と呼び、これに反してあらかじめ把握した型とあまり一致しないように見えるものを、たとえ製作者の意見によればまったく完成したものであっても、不完全と呼ぶようになった[155]」

これはどういうことかといえば、われわれの世界を製作しているのは、本来は神ですが、神には本質が見抜けるが、人間は自分の頭の大きさ、つまり偏見によってしかものを見られないということです。人間は、自分の身体に応じて穴を掘る。カニは自らの大きさで穴を掘るというわけです。つまり、人間は自分の与えられた環境の中で、すでに洗脳された発想で、真実かどうかを見極めようとする。物の真の認識に基づくより、偏見に基づいていることがわかる。

スピノザは「永遠の相」、つまり時代に左右されない境位で、本当の世界を理解できるかどうか、真理を問題にしえるかどうかを提起しているのです。偏見ではなく、永遠の相で見るにはどうしたらいいのか？

スピノザの『エチカ』（１６７７年）はそれに挑戦した本です。同書の基本的な内容を確認しましょう。

自然界をつくったのは、神である。だから、自然界の真理は創造者の神の中にある。よって、真理をつかむということは、神と敵対せず、その言わんとしていることに従うことであるという話です。神の論理が真実ならば、われわれはそれに従うことによってしか、真理に到達できず、幸福にもなりえないということです。神に従うと、人間は喜びを感じる。つまり、この世界の真理に近いときには、われわれは喜びを感じるのですね。逆に、真理に遠いときには、悲しみを感じる。

自然の法則、神の法則は、その数式自体がきわめて単純にできている。たとえば、引力の法則、エネルギーの法則などはきわめて単純な式になっている。「えっ、これでいいの？」と思

◆154　**畠中尚志**（１８９９〜１９８０）スピノザの翻訳で知られる哲学者。
◆155　スピノザ『エチカ』畠中尚志訳、岩波文庫、１９５１年　下巻８ページ

うほど、きれいで単純な数式です。アインシュタインのつくったエネルギーの数式を見ると思いますよね。「$E=MC^2$」「えっ、こんなに複雑な宇宙の原理が、たったこれだけの式で済むの？」。神はそんな難しいことをしないともいえます。神は単純で美しく自然をつくった。その美しさに喜びを感じるようにつくったともいえるのです。理にかなうことは、美しいというわけです。

不可解なほど難しい数式や、複雑きわまる自然は、たぶん見ていても不快そのものになる。同じく偏見に満ちたものには、悲しさを覚える。「何かおかしいな」と感じるものは、やはりおかしい。喜びを感じないようなものは、真実から遠い。だから、神の意図に添うように、単純明快で美しく喜びを感じるものを求めるべきである。

『エチカ』は、そんなことが書かれた本です。

身体を研ぎ澄ませる方法

エチカとは、ずばり倫理です。それもスケールのでかい倫理です。神の話、すなわち自然界の論理から始まって、そして最終的にこんな結論が出る。

人間は無駄な抵抗をせず、神の啓示を聞きながら、だまって神の言うことに従え。最後の言葉はこのようなものです。

「たしかに、すべて高貴なものは稀《まれ》であるとともに困難である」◆156

スピノザはここで、本章の問題である身体と理性の問題を的確に指摘しているわけです。ずばりこうです。神に従えと書いてきたが、人間にはなかなかそうはいかない。その理由は、身体を持っているからだ。身体を持つがゆえに、人間は神の啓示を受けられない。身体のうごめきに左右され、迷ってしまうわけです。だから、一部の人にしか真理は見つけられないと言っているのです（拙著『もうひとつの世界がやってくる』世界書院、2009年を参照）。

こうした境地に立てないということは、昔から大いに議論されている問題です。それで、イスラム圏やユダヤ圏では、この問題について大きな進歩がありました。デカルトのように身体の問題を無視するのではなく、身体そのものを鍛え上げるという形で発展するのが、非西欧の学問の特徴かもしれません。

9～10世紀くらいから、このような神の啓示を受けるために、身体を研ぎ澄ませる方法が問題になってきます。それがスーフィズム（Sufism）、イスラム教神秘主義といわれているものです。

井筒俊彦氏[157]の本を読むと、このことがよくわかります。

スーフィズムは、人間の意識を五層に分け、それを修行によって達成しようというわけです。私たちの意識レベルは一層レベルです。そこにあるものを見えるがままに見る。たとえば、メ

◆156 『エチカ』下巻、前掲書138ページ
◆157 井筒俊彦（1914～1993）言語哲学者、イスラム学者。慶應義塾大学名誉教授。

ガネ・ケースがあるとすると、「それは何?」と問うと「メガネ・ケース」と答える。

しかし、それはたまたまメガネ・ケースの形をしているプラスティックの何かにすぎない。その本質は、こういう形だけで決まらない。この奥底にあるものを見るにはどうしたらいいか? ここでは、二層の意識に入っていかねばならない。そのためには修行するしかない。この修行として選ばれたのが瞑想です。これはキリスト教の教会においても、仏教の寺院においても、ないわけではない。しかし、とりわけアジアではこうした瞑想は意味を持っている。瞑想することで心を落ち着かせる。

アレキサンドリアのフィロン[158]というユダヤ教の学者がいます。彼は紀元前1世紀の人です。彼も、その時代から意識の深層を問題にしています。

つまり、私たちが真理に到達するためには、真理に到達できるような人間に自らを変えるしかない。そのためには修行をしなければいけない。

それは、マイモニデスも言っていることです。マイモニデスの本を読むと、最後にがっかりするわけですね。スピノザも同じです。

マイモニデスは先ほどの『迷える者の導きの書』の中で、こう言っています。

「人間が迷妄を取り去るには、修行をしなくてはならない。しかしこのようなことができる者は一部のエリートだけだ[159]」

がっかりですね。一部のエリートでなかったら、できないことなのか? スピノザも「高貴なものは稀である」と、かなわぬことだと述べている。

つまり、このスーフィズムはある意味で、二つに分かれたわけです。一部の徳の高い僧が山にこもる。この人々は修道院などへこもった一派です。これは後に大学の起源となって、オックスフォードやケンブリッジといった大学につながっていく。イスラム圏で10世紀に生まれたこのような発想が、本当の学問を担うためには、人里離れた山にこもり、世間の様々な利害から離れ、ゆっくりと心を落ち着けるべきだという風潮となって表れたわけです。これがヨーロッパに修道院と大学を生み出す。

こうした流れの中に、もう一つの流れもある。ユダヤ教でいえば、エッセネ派とパリサイ派の違いのようなものです。エッセネ派は山にこもって修行をする一派《セクト》なのですが、パリサイ派は、修行なんて一般の人には無理だから、祈りだけで済まそうという一派です。

イエス・キリストは、このパリサイ派に対して文句を言ったわけですが、普通の人々はどうすればいいのかという疑問に答えようとする、こういう一派も出て来る。スーフィズムの中で、そうやって徳の高い修行僧は、大学や修道院に入って瞑想し、その境地を探す。他方で、そうではない普通の人々は「私たちを真の幸せな天国へといざなってくれる預言者を探そう。預言者の後をついていこう」となります。これは当然です。

◆158　**アレキサンドリアのフィロン**　紀元前1世紀から紀元1世紀のアレキサンドリアのユダヤ人哲学者。

◆159　Moses Maimonides　前掲書4ページ

瞑想と鍛錬への失望

問題は、スーフィズム自体が最終的になぜ没落していったのかということです。最大の原因は、この後者の動きにありました。

12世紀に始まった「預言者を探す」というスーフィズムの流れは、やがて17世紀にサバタイ・ツヴィ[◆160]という人間の失敗によって消えていきます。サバタイ・ツヴィが、ユダヤの民を裏切り、オスマントルコに従ったことで、預言者を期待した人々は失望したのです。ツヴィは、17世紀の預言者として、ヨーロッパ中からユダヤ人をオスマントルコの領域に集め、そこに新しいイスラエルの国をつくるということを主張していました。多くのユダヤ人がヨーロッパ中から集まったのですが、最終的に彼はイスラム教に改宗してしまったのです。あまりに突然の改宗に、人々は、イスラム教に改宗することでイスラムからの弾圧を避けるためだと考えましたが、その推察も消え、人々の怒りは預言者であるツヴィに向かいます。預言者などと騙《かた》るツヴィはペテン師で、すべて嘘であったのだと考え始めます。こうして優れた人間は理性的であり、未来を占えるというのはすべて嘘で、神秘主義も嘘っぱちだと考えるようになるのです。

これらは17世紀に起こったことです。

こうして人間は修行によって理性を獲得するなどということも嘘となり、開き直って、人間はもとから理性的であると納得するようになります。だから、誰か優れた修行者が真理を見つけるなどという考えは捨て、理性は最初から備わっていると考えるようになるのです。

そうした時代に出現したのがデカルトです。デカルトは、どんな人間も理性的人間であると考えます。理性を持つがゆえに、どんな人間も真理に到達できると説いた。

まさに、17世紀は新しい科学の時代の始まりになった。人間が理性をつかめることを理解したことで、宗教的神秘主義が後退した。そのことで、すべてのものに真理があって、それらの真理は宗教的瞑想を抜きにしてつかめると考えられるようになったのです。

もし、こうだったらどうでしょう。

まず、勉強を始める前に30分間は瞑想する。そして「この宇宙の真理をお与えください」と祈る。「お前、気でも狂ったのか?」となる。真理は、心身の落ち着きがなくともわかるのだから、瞑想や祈りなんて必要ないというわけです。

しかし、もしこの世界の法則や真理が神によってつくられたものならば、神の啓示を聞くことなく、真理に到達することはできない。神の啓示を聞くということは、並大抵のことではない。しかし、そこに到達しないと真理に到達できない。人間の真理といわれるものは、人間だけの勝手な妄想となる。

◆160 **サバタイ・ツヴィ**　（1626〜76）ユダヤ教の指導者、思想家。メシアニズム（救世主待望論）を信奉する教団（サバタイ派）を創設した。

神秘主義の復活

18世紀に衰退した神秘主義は、スピノザという形をとって、いやスピノザの唯物論という形をとって再浮上してきます。この一文には、たぶん、多くの方は「ええっ⁉」と疑問に思われるかもしれません。なぜなら、唯物論というのは最も合理的で、最も精神や理性の世界と離れた世界を扱うのだから、神秘主義の逆をいっているように思われるからです。いや、スピノザは、デカルトのような超合理主義、理性主義に対する反抗者として、神秘主義者なのです。

唯物論というのは、あるものに触れたときにどう感じるかという問題として展開します。それで、このような外部の刺激がどのように脳に影響するかということが問題になります。実際に知覚していないことも、身体へ影響しているわけです。

たとえば、今日一日、いろいろな人に会っているのですが、目は全部それを視界に入れているとしても、脳の記憶としてはそれを知覚できていない。だから、思い出せない。大半はすぎ去って記憶に残らない映像として、見過ごしているわけです。しかし、身体に焼きついたものは、おそらくどこかに残影を残している。おそらく、潜在意識の部分に残っている。

脳という領野の知覚的な部分、つまり理性的な部分では処理しきれない膨大な情報が、どこかに埋まっている。この領域はどこかというと、身体の部分にある。いわゆる五感の領域になるわけです。この五感の領域が何であるかということが、研究対象になってくるわけです。

このような研究が18世紀に始まり、これが唯物論という形で発展していく。しかし一方で、観念論の伝統が重くのしかかってもいる。カントからヘーゲルへと至る流れです。しかし、これと並行する形で、いわば〝裏通り〟として別の流れ、唯物論の流れがあったわけです。

18世紀には、唯物論は裏通りで陰に隠れていたのですが、19世紀に復活する。その典型がフォイエルバッハ[161]だと思われます。

フォイエルバッハは、こうした感覚を最も重要な問題として取り扱い、スピノザの復活に寄与します。スピノザの復活です。この自然界は、物質によって構成されています。スピノザ的にいえば、物質界は神が創造した世界で、神の延長線上にある神の属性です。神の延長線上にある物質は、その中からやがて人間をつくり出すものを持っている。脳の活動といわれるものは、この物質の運動、エネルギーの展開にすぎない。だから、考えるということは、物質から離れているように見えるのですが、実は物質の運動の一つにすぎないのです。思考は物質の運動に左右されているということになります。要するに人間には、神のように物質から離れた、理性的な思考ができないということです。こうした物質の運動の側から人間の思考を見れば、どう見えるかという問題が提起されたわけです。

また最初の話に戻ってみましょう。お腹が痛いときには、まっとうに話は聞けない。酔っ払

◆161 **フォイエルバッハ**　ルードヴィヒ・フォイエルバッハ（１８０４～72）ドイツの哲学者。ヘーゲル左派から出発し、唯物論の立場からキリスト教を批判した。主著は『キリスト教の本質』（１８４１年、岩波文庫）。

っていると本が読めない。日によって、人間の脳の思考にはムラが出る。こういう問題を、総合的に考えたらどうなるかを提起したのがフォイエルバッハなのです。フォイエルバッハはこう考えます。この世界が、もし私たちの身体によって拘束されているならば、われわれのこの精神世界に真実を見出すことはできない。そこで、身体の運動たる感性の世界がどうなっているかをしっかり見てみようというわけです。マルクスはヘーゲルを勉強しながらも、フォイエルバッハに関心を持ち始めます。この唯物論の流れも、もっと淵源をたどれば、中世の神秘主義、そしてスピノザへとさかのぼれます。

本質をつかむ

そこでマルクスの『経済学・哲学草稿』（『経・哲草稿』）を見てみましょう。本章で問題にしていることは、人間というものは自由に生きているように見えるが、実は自由ではない。なぜなら、人間は身体を与えられた世界に拘束されていて、それに左右されているということです。そこから飛び出すには、どうしたらいいか？

その前に、マルクスの論文「ヘーゲル法哲学批判序説」（１８４４年）の中の文章を引用します。若いときのマルクスは、割といいところをつかんでいます。

「もちろん、批判の武器は武器の批判に取って代わることはできない」。これは有名な文章です。続けて「物的力は物的力によって崩さねばならない。理論もまた大衆をつかむやいなや物的力となる。理論は、人間に即して証明されるやいなや、大衆をつかむことができるのであり、理論が急進的となるやいなや、理論は人間に即して証明されるのである。急進的であることは、ものごとを根本的につかむことである」◆162。

まさに、この部分こそ、本書の対象とするところです。物事の本質をつかむ。「しかし人間にとって重要な根は人間自身である」。要するに、彼はこう言っているわけです。大衆の心をつかむ。大衆の心はどうすればつかめるか？　大衆につかまれる気がなかったら、それで終わりです。大衆がわからなければ、どうしようもないわけです。だから、いかにして大衆をつかむところにもっていくかということです。そしてそれをつかんだら、いわば自分の言わんとしていることが力となり、大衆運動につながる。だからこそ、大衆をつかむこと、すなわち人間をつかむことが重要となる。そのためには、人間自身がわからないといけない。

さあ、それで『経・哲草稿』の中で人間を考えていきましょう。資本主義社会における人間は、商品として日々再生産されています。資本主義社会は「生産によって、人間は一つの商品として、商品と定義される人間として、生産されるだけではない。人間は商品として生産されている」。労働力商品として、私たちは日々再生産されています。労働力商品として長い間再生産されていたら、定年退職して「明日から自由な人間だ」と言ってみても、精神的にも肉体

◆162　マルクス「ヘーゲル法哲学批判序説」『新訳　初期マルクス』的場昭弘訳、作品社、２０１３年、１１１〜１１２ページ

的にも、すでに非人間化された過去の痕跡が残っている。朝起きたら反射的に「8時だ。仕事に行かなければ」と思ってしまう。奴隷ではないのだから、もう行かなくてもいいのですが、その痕跡は簡単には消せない。

どうして労働は「活動」であってはいけないのか？

こうした労働力商品としての人間は、昔からいたわけではないのです。今の資本主義社会では、これが普通です。たとえば、朝起きて新聞を見るとすれば、会社の仕事にどう役立てるかという関心で読む。こんな労働力商品ではない人間であれば、たとえば退職して経済に関心を持つ必要がなくなった人は、新聞をどう見るのでしょうか？　関心を持つ欄が明確に違う。世界が違って見えるわけです。現役のときは「文芸小説なんか誰が読むか。時間ムダだ」と思っていたのが、連載小説にはまる。

もっと問題なのは、その読み方のほうでしょう。資本主義社会における人間というものは、私的所有の本質としての労働を体現しているということです。その意味は、働くことは自分の豊かさを追求することだと考えることです。「なぜ働くの？」と聞けば、「たくさんのものを所有して豊かな生活を送るため」と答えるでしょう。私的所有を増やすということです。

でも、こんな労働もあってもいい。「何で働くの？」「みんなが楽しいと思うから」。いいですね、こんな人がいたら。しかし、「それは資本主義社会では〝労働〟と言わないだろう。それは〝活動〟と言うんだ」となります。

「労働がどうして活動であってはいけないの？」。確かに、昔は活動であった。労働したからといって、賃金があったわけではなかったのです。しかし現在は、労働は活動ではなく、価値を生む労働として賃金がついてこその労働です。だから、賃金のない労働は労働ではありません。おじいちゃんに「おい、庭掃除しておいてくれ」と言われて、「じいちゃん、これ、労働だよ」「いや、じいちゃんにとっては活動だ」とおじいちゃんは答える。「でも、資本主義社会におけるすべての人間は、私的所有を得るために労働するのだから、じいちゃん、金をくれ」となる。ここまでの能書きを垂れるためにマルクスの『経・哲草稿』を読む必要はないのですが。

信仰は義である

こんな文章が出てきますね。これは「第三草稿」のほぼ頭のところです。マルクスは、この話をルターとカトリックとの関係にたとえています。

「したがって、私的所有の内部に富の主体的な本質を発見した合理的な国民経済学にとっては、私的所有を人間の目の前にある対象的存在としてしか見ない貨幣主義者、重商主義者は、呪物崇拝者ないしカトリック教徒のように見える」◆163

◆163 マルクス『経済学・哲学草稿』長谷川宏訳、光文社古典新訳文庫、２０１１年、１３３ページ（訳文は部分的に変更している）

この文章の意味はこうです。カトリックは、宗教の信仰よりも儀式に重きを置くように見える。ミサという儀式や教会の威厳が大事である。その意味で、神への信仰は直接的ではない。ところが、ルターのようなプロテスタントは違う。「信仰に義あり」。ある意味、信仰があれば教会も要らない。労働していても、それが信仰に裏づけされたものであれば、労働は信仰となる。要するに、教会の本質が労働になる。労働を高く評価するルターは、まさにアダム・スミスであるというわけです。資本の本質、つまり私的所有の本質とは、労働である。だから、労働が私的所有をつくるとすれば、信仰に裏づけされた労働に励むプロテスタントは、私的所有のために頑張っているといえなくもない。

これでは、宗教をつくっている儀式や厳かさなどは不要である。同じことは大学にもいえる。学問するには、大学など要らない。家にいて、しっかりと本を読めば学問はできる。これは大学人にとってタブーですが、大学は権威と儀式で学問を学問らしく見せているだけかもしれない。

しかし、宗教の信仰と同じく、学問の真理も、何らかの壮麗な儀式がなければ空虚なものになる。真理や本質はそれ自体としてあるのではなく、それを見せる場や儀式が必要となる。ちょうど純愛は、具体的な人間同士の愛から生まれるように、対象のない愛や本質はない。とすると、真理を包む対象が要るわけです。

だから、この点、儀式や威厳にこだわるカトリックは、奥が深いのかもしれない。だったら学問も、大学の立派さやその大学の格式ある入学式や卒業式が、学問の意味を高める。

ルターは「信仰は義にある」と信仰することが重要だと言った。しかし、これが真実だと、教会に行かなくともよくなる。聖書も読む必要はなくなる。同じことは、労働と私的所有との関係にもいえるはずです。信仰さえあればいつも神がいるように、労働さえあればいつも私的所有が存在することになる。原始時代だって、いつだって労働があったわけですから、私的所有もあったことになる。しかし、宗教は信仰だけでできるのではない。同じように、労働もそれだけでは私的所有を生み出さない。

ルターはカトリックの連中にこう言うわけです。「皆さんは儀式に信仰があると思っているが、それは呪術のようなものである。本来の宗教とは関係ない。全部これを捨てろ」と。しかし、全部を捨てたらどうなるか？　宗教がなくなるわけです。マルクスはこう述べます。

「ルターは、外部世界の本質が宗教と信仰であると認識し、もって異教的なカトリックと対立したし、宗教心を人間の内面的な本質だとみなすことによって、外面的な宗教心を破棄したし、聖職者を俗人の心のうちに移しいれることによって、俗人の外部に存在する聖職者を否定したのだったが、同様に、国民経済学は、私的所有を人間のうちに取りこみ、人間こそが私的所有の本質だと認識することによって、人間の外部に、人間とは独立して存在する──したがって、外的なしかたでしか維持され、主張されえない──富を破棄し、富が思考を欠いた外的な対象として存在することを否定したのだった。が、そうなると、ルターの場合に人間が宗教の枠内でとらえられたように、私的所有の枠内で人間そのものがとらえられ

ることになる」◆164

難しい文章ですが、内容はこうです。ルターは「信仰だけがすべてだ」と言った。そのことは、確かに正しい。そうなると信仰する者は、みな牧師となる。逆にいうと、これは怖いことである。ルターは「信仰に義がある」と言って、むしろカトリックの儀式を拒否したが、そうなると毎日信仰しているわけだから、毎日が宗教となり、すべての者が牧師となる。1分、1秒が宗教である。毎日、毎日がお祈り、働きながらお祈り。どこに行ってもお祈りする。それだったら、カトリックのほうがよい。カトリックは日曜日に1回だけミサに行けば、あとは私人に戻れる。ルターのプロテスタントは違う。「毎日お祈りしているか?」と日々問い詰められる。これは余計なお世話だ。つまり、みんなが牧師になってしまったというわけです。

同じことはスミスに対してもいえる。スミスはこう言ったのです。「労働が私的所有をつくるならば、労働が必然的である以上、人間はいつの時代にも私的所有をつくる。だから、私的所有は人類にとって永遠のものである」と。

しかし、実際には教会という組織の中でのみ信仰が形成されたように、商品生産社会の中でのみ私的所有はつくり出されるにすぎない。

もっとも、そうした考えを持つ人は少ない。私的所有は永遠のものだと考えてしまいます。多くの経済学者もスミス以降、私的所有は永遠のものであり、あえて問題にする必要はないと考えたわけです。

粗野な共産主義と新しい人間をつくる思想

これに対して、私的所有は永遠のものではないと主張しても、誰も聞いてくれるはずがない。この私的所有の問題を、最初に衝撃的な形で提起したのは、マルクスではなく、プルードン（『貧困の哲学』１８４６年）だったのですが。

そこで、歴史的な過去を分析する必要がある。実は、人間の長い歴史の中で労働力の商品化が存在するようになったのは、それほど遠い過去のことではない。資本主義以前はそうではなかった。その時代の人間が、今、目の前に出現すれば、これは簡単に理解できる。しかし、実際、過去のことなどすぐに忘れる。だから、それほど簡単ではない。共産主義という発想も、資本主義以前の共同体という発想から類推すれば、大して驚くほどのものではない。しかし、突然、共産主義などという言葉に触れると、私的所有を当然だと思う人々はびっくりする。

資本主義以前の共同体が共産主義的だとしても、それが共同体と同じならば、その共産主義は歴史の遺物となります。そこで共産主義の中で、そうした過去の共同体的なものを「粗野な共産主義」と呼びます。粗野な共産主義は、私的所有への怨念がそのまま出ている共産主義なのです。私的所有の怨念とは、「俺は貧乏で何も持っていない。だから、何かを持ちたい」と

◆164　『経済学・哲学草稿』前掲書１３４ページ

いう所有願望そのものです。その場合、一人で持てば私的所有ですが、全員で持てば共産主義となる。たとえば、共産党のトップになって、すべてを共有化し、それを党で私的所有化するわけです。共産党による私的所有です。これは共産主義ではない。つまり、私的所有が逆さまになっている。つまり一人ひとりの私的所有が、集団の私的所有になっている。ロシア革命以後に生まれた社会主義が、そうした党や党幹部の家族によって国有財産が私的所有されたのは、まさにこうした共産主義に対する誤解だったわけです。

「こんなのはダメなんだ」と言ったあと、「共産主義とは、自己疎外の根本因たる私的所有を積極的に廃棄する試みであり、人間の力を通じて、人間のために、人間の本質をわがものとするような試みである」◆165と言うのです。

国家か個人かという、誰が所有しているかという所有の帰属の問題ではなく、所有そのものを廃棄しようとする運動であると言っているわけです。これはなかなか難しい話をしている。

つまり、私たちが本来持っていた労働の自由を、私的所有によって奪った資本主義は、やがて労働の解放へと導かれるしかないと言っているわけです。資本主義社会における労働は自己疎外されていて、私的所有に閉じ込められている。ここから一歩も抜け出られないような労働のあり方を廃棄し、人間的な労働を求めようというわけです。

「共産主義っていうのは土地の国有化だ」とか、「いや、銀行の国有化だ」などと言われますが、それはまったくマルクスの議論ではないわけです。共産主義というのは、もっと広い人間社会に対する試みなのです。誤解している人がたくさんいますが、マルクス主義というのは、ポスト資本主義社会の思想であることは間違いないのですが、それは資本主義がつくり上げた様々なこれまでの試みを、思想や何かも含めて、新しい次の段階に持っていくための大きな運動だということです。その一つの運動は、自己疎外されてきた人間を、疎外から抜け出させること、つまり新しい人間をつくることです。

だから、人類がこれまで発展させた成果を、積極的に回復させることである。人間的な人間の完全な回復である、というわけです。では、完全な回復された人間とは何かというと、マルクスはこの先でこう言っているのです。「自分ではなく他人が目標になる生き方だ」と。人間一人ひとりは不完全なのだから、それぞれが補い合うことが人間の目標になると。

もちろん、これは確かにキレイ事です。しかし、ここに何か未来に対する力のこもった、前向きの世界観があるではないですか。

マルクスが考えた資本主義批判は、たんに資本家が得た利益を労働者に返せということではありません。確かに、そうした社会を福祉国家や国家社会主義として実現することは可能です。しかし、それでは人間のあり方が変わっていない。所詮、労働者の個々人の利己心が、集団的利己心に変わっただけです。人間を変えるということに主眼があるのです。まさに本章のテー

◆165『経済学・哲学草稿』前掲書145ページ

マ、「物事を理解するには人間が変わらねばならない」という問題がそこに出ているのです。
さあ、それでは人間を変えるにはどうしたらいいか？　明日から変われと言われても、お祈りしても、変わらないものは変わらない。そこに大きな飛躍がなければならない。

ゲバ棒を持って街へ行こう？

そこで有名な「フォイエルバッハのテーゼ」（１８４５年）を見ていきましょう。「フォイエルバッハのテーゼ」は断章的な文章が11あって、とりわけ有名なテーゼが、最後の11番目のものです。ロンドンにあるハイゲート墓地に行きますと、マルクスの墓の記念碑にこれが刻まれているのです（拙訳の「テーゼ」全文は巻末の３１３～３１５ページに掲載）。

「哲学者たちは世界を様々に解釈しただけであり、世界を変革することが問題である」

若いうちにこれを読んで私も興奮したものです。その当時の学生は、こう考えた。「哲学者たちは世界を様々に解釈した。そうか、だからこれから必要なのは、解釈ではなく運動だ。世界を変革するために、ゲバ棒を持って行こう」と。

おいおい、しっかりと読みなさい。これは哲学の勉強をやめて、社会変革の運動をしろということではないのです。

このテーゼが出版されたのは、エンゲルスが『フォイエルバッハ論』（１８８８年、岩波文庫他）という本を出版したときで、そこにエンゲルスが付録としてマルクスの「テーゼ」を掲載した。

この一文はエンゲルスの編集が入ったものではこうなっている。

「哲学者たちは世界を様々に解釈しただけである。しかし世界を変革することが問題である」

ここでは、文章は二つに分かれ、哲学者たちの解釈の時代は終わりにして、世界の変革をしようというように読める。エンゲルスは、二つの文章にして、「しかし」を入れたのです。

細かいことにこだわるようですが、マルクスの本来の文章とは、ちょっと違うことに気づきます。「しかし」ということは、「取りあえず今までは哲学（解釈）をやってきたけど、これからは違うぜ。これからは社会変革（運動）をやるんだ」ということになります。「しかし」を入れたことによって、「運動バンザーイ」となってしまいます。「そうか、哲学は勉強しなくていいんだ。〝しかし〟の後ろの運動を始めよう」と。おいおいちょっと待ってくれ！　です。

実際のマルクスのメモは文章が切れずに続いています。しかも、その文章は並列しているのです。世界を様々に解釈しただけであるが、それはそれで結構なことであった。それを踏まえた上で、世界を変革することが重要だというわけです。哲学を捨てたわけではないのです。

おそらくマルクスは１８４５年の春、ある決意を固めたのです。自分はこれから何をやっていくか、それを自分の小さなノートに書き留めた。ノートというのは手帳とノートの２種類あります。これが書かれてあるのは手帳です。手帳の中に、自分の決意をメモ書きしたのです。

フォイエルバッハの感性の世界

次章では《世界の本質をつかむ》私なりのテーゼを書くつもりですが、そのためにもこの「フォイエルバッハのテーゼ」を見てみましょう。フォイエルバッハは、1840年代にマルクスなどヘーゲル左派に大きな影響を与えた人物です。ヘーゲル的な観念論に対して、スピノザのような唯物論を主張し、その時代の若者たちを魅了した。

まずこのテーゼは、フォイエルバッハを乗り越えようとしています。振り返りますと、フォイエルバッハは、あのスピノザをドイツで復活させた張本人だということです。彼の主張は、この世界を理念や思想の実現した世界ではなく、感性界として見るということでした。この世界は、人間の思考、ヘーゲルが言っている理性とか絶対精神の実現なのではなく、生身の人間の身体が置かれている世界だということです。理性というものも、この私たちの身体を抜きにしてはありえない。手だとか足だとか目だとか、われわれの五感で世界を知るしかない。現実の世界は、思弁の世界とは違い、自然との触れ合いの中にある。

これは、ヘーゲルとはまったく逆さまのことを言っています。私の思考は、私の頭がつくり上げているのではなく、私の感性である身体がつくり上げているということです。

フォイエルバッハの感性という考えは、なるほど身体の躍動ですが、しかし、それもある意味で固定された感性にすぎないわけです。たとえば、山に行って、美しい牧歌的な風景を見て、

「ああ、山はいいな、田舎はいいなあ」と考える。しかし、それはある意味、言い古された固定観念をそのまま繰り返しているにすぎない。自然に対して、観念的にあるモデルをつくっている。その自然のモデルの中で感動しているというわけです。

ロマン主義◆166という言葉が、マルクスの若い頃に流行りました。フォイエルバッハにはその影響がある。マルクスも詩人を目指していたのですが、実はこのロマン主義にどっぷりと浸かっていたのです。だから、フォイエルバッハの感性という言葉には、グッときたはずです。ロマン主義が生まれた背景は、ナポレオン戦争です。長い戦争によって、ヨーロッパの都市は大きく破壊された。そこに人間の虚しさを読み込もうとした。破壊された街に行き、昔の栄華を探そうとしたのです。松尾芭蕉の「夢は枯れ野をかけめぐる」というわけです。

現実の世界としての感性界

感性という代物も、実は現実の世界の反映にすぎない。それを考えないと、「昔はよかった」「田舎は素晴らしい」というノスタルジックな世界への憧れしか出てこない。フォイエルバッハは、そのために田舎に引っ込んで、田園に一生暮らすことになります。

マルクスのフォイエルバッハ批判は、こうした紋切り型の感性界を展開する彼の哲学に対す

◆166 **ロマン主義**　ギリシャ・ローマ文化の古典主義《ルネサンス》に対する、北ヨーロッパ・キリスト教文化圏の危機意識として19世紀に始まった文化潮流。

る批判です。実際の感性界、われわれの身体を包み込む世界は、けっしてのどかな世界ではなく、そこで慌ただしく働き、生きる、厳しい世界である。ただのんびりと眺めていればよいという世界ではなく、生きるために働き、苦しみとともに接している世界です。この見方こそ、マルクスが展開する唯物論が、フォイエルバッハの唯物論と違う点です。

フォイエルバッハ的感性界は、あくまでも現実は見ているが、現実の中に巻き込まれていない。巻き込まれるというのは、当事者になるということです。当事者でない世界とは、ある意味で映画として観ているような世界だということです。映画を観ながら感動してはいるが、映画の内容にわれわれはタッチできない。スクリーンのあちらとこちらで完全に分離しているわけです。身体は映画スクリーンの外にいて、ストーリーの第三者になっているのです。

しかし、自然界にいるわれわれは、映画を観るような状況にいるわけではありません。むしろ映画ではなく、演劇を観るような状況でしょうか。演劇と映画はまったく違う。演劇というのは映画と違って、観客が参加できます。客が野次ると、途端に俳優は嫌な顔をする。しかし、「今日はいいね、昨日より」と声を掛けると、逆に生き生きしてくる。「今日は頑張ろう」という気になる。手を振ると、「ああ、またあいつが来てくれてるんだ。今日は頑張るぜ」となる。つまり、観客が積極的に参加することができるわけです。

フォイエルバッハ的な感性の唯物論は、映画を観るのと似ている。確かに映画から影響を受けることもあるが、観客が映画に影響を与えることはない。ストーリーが、観客の反響で変わることなどありえません。「怒りのランボー」が観客の影響で変わってしまったら大変です。「あれ、昨日のランボーと今日のランボーは違うな。どこかで性格を変えたな」。

まさにヴァーチャル・リアリティの世界、やがて自分でどんどんストーリーをつくり替えていけるような映画ができないとも限りませんが、今のところそうではないのです。ところが、演劇だったらありえる。

「ここ変えて欲しいというところで野次が飛んだぞ。ちょっと変えたらどう？」「変えようか」って話になりますよね。本の執筆と講演の違いと同じような違いがあります。講演では質問を受けると、次から話す内容や表現が変わります。

現実と主体の相互関係としての感性界

そこで、「フォイエルバッハのテーゼ」では、まさにこの相互交通としての「唯物論」という点に問題の焦点が当てられています。要するに、私たちの考えることは、この世界から影響を受けると同時に、この世界に影響を与えるということです。相互関係をなしているのです。これは当たり前といえば当たり前ですが、相互関係、相互交通の世界である。私たちの脳が労働力商品として洗脳されているのは当たり前ですが、一方でこの世界に生きているのだから、この世界に私たちの脳とその行為が影響を与えているのです。

「唯物論」というものは、まさにこの点が問題です。昔、この「唯」を「タダ」と呼んで、「タダモノ論」と称する場合がありました。タダモノがあって、客席からスクリーン越しに映画を観ているように、それが人間に一方的に影響を与えているというわけです。しかし、実際そうした一方通行はありえない。たとえば、本の世界だと一方通行ですが、講義だと相互交通になる（積極的な意味では質問があればですが、学生の表情によって教員も変わります）。

もっともこのタダモノ論は、ある意味では唯物論という概念に対して、日本で結構支配的な概念でした。しかし、一般的に現在のマルクス主義者の間では、こうした素朴な反映論は誰も採りません。相互交通として反映し合うというのが正しい。

タダモノ論的な唯物論の一つとして、18世紀のド・ラ・メトリー◆167の『人間機械論』（1747年、岩波文庫）がある。要するに、機械のように人間を捉える。人間はオートマタ（自動仕掛けの機械人形）のように、決められた通り動く。当時の技術の限界という点を考慮しなければなりませんが、人間はそのような機械ではない。ボタンを押したら、その意図通りに動くというわけにはいかない。ド・ラ・メトリー的に教育ができれば、恐ろしい話です。人間に機械のようにあることを教え込むというわけです。先生が相手の意思を無視して、どんどん知識を注ぎ込む。知識を授った側は、それを鵜呑みにしてロボット化していく。今の日本の教育はこれと似ていますが、教育を受けた側は先生のミニチュアになる。

ところが、人間にはいいところがある。3日も4日も教えているのに、口をつぐんで「勉強なんか嫌だ」と言う。まったく覚えもしない。ついには「明日から学校に行かない」と言い出す。こうした人間がいれば、内心ほっとします。優秀なロボットにはなりたくないですから。

真の唯物論──本当の人間とは？

「フォイエルバッハのテーゼ」から引用します。

「従来のすべての唯物論──フォイエルバッハも含めて──の主要な欠陥は、対象、現実性、感性がただ対象の形態あるいは観照の形態でのみ理解されていることである」

第1テーゼの冒頭の一文は、従来の唯物論は、映画を見ているような唯物論だと述べています。ここでは対象が主役で、それが私たち人間に一方的に影響を与え続ける。それは「けっして人間の感性的活動として、実践として理解されず、主体的にも理解されていないことである」。これは、私のほうからの働き掛けがほとんど考えられていないということです。つまり、「ちょっとこれはおかしいよ、これではダメだよ」と言って、対象のほうを変えることも必要なのに、対象のほうは「そうか。じゃあ変える」などとまったく言ってくれない。一方的です。こういう唯物論を、タダモノ論というのですね。

「だから、唯物論との対立における抽象的な活動的側面は、観念論（当然ながら、観念論は現実的、感性的活動をこうしたものとして理解していないからである）から展開されている」

◆167 ド・ラ・メトリー（1709〜51）フランスの医者、哲学者。

タダモノ的唯物論は観念論だという指摘です。要するに、フォイエルバッハの感性界とは、観念論です。だって、ありもしない感性界をつくって、それを理想として、それを取り戻せというう。つまり、田舎を懐かしんで、「兎追いしかの山、小鮒釣りしかの川」のような幻想に浸ることになる。そういう田舎をモデルとして「よかったな、あの田舎は」というのと同じです。これは、本当の意味での田舎ではない。同じように、本当の感性界ではないはずです。たんに頭の中で考えた抽象モデルです。だって、「田舎はいい」なんて言う人は半分もいないでしょう。でも、「兎追いし」の田舎はいいわけです。しかし、たんなる幻想だ。実際には、「石もて追われる」悲惨な田舎というのが現実である。「二度と帰ってくるな」と言って追い出された故郷かもしれない。本当の感性界は苦い味である。

だからフォイエルバッハは、幻想的・観念的な感性界をモデルとして前提にしているわけです。これでは意味がない。だから彼は、『キリスト教の本質』(1841年)の中で理論的な関係だけを問題にし、現実世界を厭う。「一方で実践はユダヤ的な汚い現象形態としてのみ理解され、固定されている」と。要するに、現実の生々しい関係は、ユダヤ人がやっているような汚いものだと考えているわけです。ここでマルクスは、そのユダヤ人を擁護しています。人間というものは、所詮、汚いもので、その汚いものからしか私たち人間というものは生まれない。だから、汚い世界を一旦切り離して、きれいな世界に置いて、これが本当の人間だなんて言ったって、無意味だと批判しているのです。

環境が人間をつくり、人間が環境をつくる

「テーゼ」の３番目は、ちょっと文章が短くてスッキリしすぎているので、エンゲルスは、ここに文章をかなり挿入しましたが、ここでは手の入っていないほうを引用してみます。

「教育が変革し、環境が変化させるのだという唯物論的学説は、環境は人間によって変化し、教育者自身が教育されねばならないということを忘れている」

これは重要です。肝に銘じなくてはならない言葉なのです。教育が変革し、環境が変化させるということは、教育が子供たちを変革し、いい人間に育てるということですが、それだけでは子供は機械にすぎない。子供たちが先生の教えることを金科玉条のごとく覚え、「僕は全部覚えました」と言い出したりするのをよしとするのは、タダモノ論的発想です。そうじゃない。逆だ。私たちが教育したら、向こう側からも私たちを変える何かが出てこなければならない。

同じことは、環境にも当てはまります。環境が私たちを変化させるだけでは済まない。環境それ自身も、われわれによって変化するわけです。環境だけが、一方的にわれわれを変化させるのではない。「津波が起こった。これはどうしようもない」。しかし、どうしようもないのではなく、「だったら、対策を立てろよ」という言葉が出ててくるはずです。つまり、環境を今度は人間が変化させる。教育者自身も、生徒によって教育されねばならないということです。

日本のように一方的な権威主義的教育をやっていると、先生は教育されません。先生が言っ

ていることを、ほとんどまる覚えさせることが教育ですから。これは古い儒学的伝統と、欧米に追いつけ、追い越せの悪しき伝統のゆえです。先生だって教育されたいと思っているのに、先生の物まねをする子供しかいない。

われわれの社会、つまりこの世界は、環境が人間を変えると同時に、私たちがそれをまた変える。その連続的相互作用である。まさに、これが人間社会です。

われわれ人間の自然とは、人間の手が入った自然です。手つかずの自然などほとんどない。多くは、人間的自然なのです。たとえ南米のアマゾン川流域に入ったとしても、どこかに人間の痕跡があるわけです。アマゾンも人間の関与によって変化していくわけです。私たちが環境と言っているのは、まったく人間とは別の世界にある環境ではなく、人間が自然との相互作用でつくり上げた環境、すなわち、人間的環境なのです。

人間的環境だとすると、当然ながら人間がエコロジーを破壊していくこともある。他方でフォイエルバッハの自然観は、人間的ではない環境を相手にしている。その意味では、理想的な環境を論じているフォイエルバッハのほうが、先進的で優れた環境論とも言える。しかし、それは理想論にすぎない。人間が手をつけた環境を元に戻すことは不可能である以上、人間はその環境の中で生きていくしかない。自然環境を守るために、原始生活に戻れなどとは言えない。

だからやれることといえば、自然の中で人間の生活を守りながら、そこから解決策を見つけることです。もちろんそのためには、人間は自らの生き方を変えることも必要になってきます。

これまでの贅沢な暮らしを止め、質素に生きる。そして、なまった身体をつくり直し、新しい社会をつくり上げることも必要です。

ここには、人間が人間として、少なくともどういう人間であるべきかが要求されています。もし、これがタダモノ論的唯物論であったら、人間のほうにその選択権もない。人間は、環境の中であることを選択し、自らを変えていく。商品生産社会を変革するとは、たんに資本主義的生産を止めるということではなく、それに対応して、人間自身が資本主義的消費を改めるということでもある。これがマルクスのいう「唯物論」です。

世界を変えるとは？——哲学者の解釈は不十分である

これによって、最初に取り上げたテーゼ11の「世界を変革する」という言葉の意味が、よりはっきりと理解できるはずです。

「ただ世界を様々に」解釈した哲学者は、世界を傍観しているだけです。自然から隔離されたクーラーの効いた、あるいは暖かい研究室で、世界をああでもない、こうでもないと思索している。これが「世界をただ解釈しただけである」という意味です。でも、これだけではダメです。哲学者は外に出て行って、外の世界に積極的に関わらねばならない。そうすることで、その哲学も変わる。哲学が変われば、それはさらに世界を変えることに貢献する。テーゼ11が「哲学を放棄して、変革運動に参加しろ」などとは言っていないことが、おわかりになったと思います。もっと外の世界と触れ合うことで哲学を学び、それを世界の変革に向けろということなのです。

ここで労働という概念が出てきます。つまり、私たちが世界を認識するには労働がなければならない。労働を言い換えれば、活動と言ってもよい。活動が認識の手段です。活動がなければ認識できない、ということです。哲学者も認識するには、この活動というものを使うしかない。頭の中であれこれ考えているだけでは、十分ではない。哲学者は、世界の中に手を伸ばして、世界が何であるかを、触って確かめるしかない。哲学者は、今の日本という社会がどういうものであるか、外を歩いて、銀座の街を歩いて、それから墨田区を歩いて、本当に町工場が潰れていないかを自分の目で見て、初めてわかる。安倍さんやマスコミは「景気がよくなった」と言っているけれど、本当かどうか歩いてごらん。ほとんどシャッター街ですよ。統計データはあくまでも思弁にすぎない。

しかし、統計のような思弁がわれわれを規制し、その人の認識を曇らせてしまっている。本当は歩いて実感するしかない。現実を見ない哲学者の解釈は不十分なのです。

テーゼ11の表現を少し変えると、こうなります。

哲学者たちは、世界を様々に解釈したが、その解釈は不十分である。この解釈を十分にするためにどうしたらいいかというと、哲学者は外に出るべきだ。そして、街を歩いてみる。そうすると哲学者自身もその偏見から免れ、自分が本で読んだことが間違いだと気づく。次に、なぜそうなっているのかを理解する。今度は、その世界を変革するための活動を行なうべきだ――と。

自らを変えること

本章の話に戻すと、テレビの情報はそれ自体、一方的に私たちに対して、流れてくる情報、すなわち映画のようなものだということです。これを一旦、自分の頭の中で整理するためには、この与えられた状況と自分がどう関係しているのかという接点を見つけなければならない。これが他人事であれば、「ああ、そう」で終わるが、「でもそれ、どう関係するんだ?」と自分に関係させたとき、自分の問題としてそれが理解できる。自分にとってプラスかマイナスか?それが自分に関わる問題であるとすれば、それを乗り越えるために、活動しなければならない。他人事ではないわけです。そう考えることで、自分が変わる。

経済や社会をよりよく変革するためには、自らが関与し、自らも変化していくしかないということです。夢のような世界が天上から降ってくるわけではない。自らが今ある状態では、新しい社会に適応できないのです。人間が変わらないで、社会だけが変わるということはありえない。人間の利己心を見てもわかる通り、それがある限り、地球環境を破壊しないような世界は実現できない。また、共産主義社会だって実現できない。もし、欲望の強い人間が共産主義社会のトップになったらどうなりますか?　それは、最悪の資本主義社会になるでしょう。

映画に例を借りると、アメリカ映画『マスク』（1994年）がいいかもしれません。マスクの仮面には一つの神秘があります。仮面を被ると、善人はとことん善人としての魔力を得る。悪人が被ると、悪人として魔力を得る。人間が悪人のままだと、未来社会がよくなるはずがない。だから、悪人が善人に変わらねばならない。この意味でも、昔の神秘主義はいいことを言っているわけです。

共産主義の問題に関して、この問題に一番最初に気づいたのは、フランクフルト学派[168]のアドルノ[169]たちかもしれません。マルクスは、いろいろな勉強に取り組んだけれど、一点、欠けているところがある。人間の研究をしていない。アドルノは、グループで『権威主義的パーソナリティ』（1950年、青木書店）という本を書いています。権威主義的な人間が、政府のトップに立ったりすると、政府はどうなるか？　それは最悪でしょう。民主的であるかどうかは別として、その人間の性格が出てしまいます。アドルノはおもに実業界を問題にしていますが、内容的には、人間の性格が組織をいかに変えるかがテーマになっています。

私は、かつて社会主義政権下のユーゴスラビアに住んでいました。ユーゴスラビアというのは、バルカン半島でオスマントルコに支配されていた地域と、そうでない地域に分かれる。私が住んでいたのは、たまたまカトリックの地域でしたが、このような地域が「明日からは社会主義だよ」と言われても、そのまま簡単に理解されるわけではない。そこに生きてきた人間の身体に刻み込まれた性格や意識が、深く左右する。封建制的体質を保持しながら、社会主義が実現されていくわけです。結果的に、自分の身内を守るために仕事を回し合い、権力を利用し、党を利用するようになる。言い換えれば、コネ社会としての社会主義が実現する。「自主管理型社会主義」という表面的な言葉や組織上の問題とは別に、運用する人間はこれを、古い人間関係で処理する。

これをどうやって変えるか？　人間を変えるためにはどうしたらいいか？　それをマルクスは『資本論』に書いていない。だから、多くの社会主義が機能不全を起こしたわけです。

次の章では、全章をまとめて《世界の本質をつかむ》にはどうしたらいいかについて、私なりの議論を展開します。

◆168 **フランクフルト学派**　ドイツのフランクフルト大学の社会研究所に属した哲学者、社会学者のグループ。ホルクハイマー、アドルノ、フロム、マルクーゼ、ベンヤミン、ハバーマスらが中心メンバー。
◆169 **アドルノ**　テオドール・アドルノ（１９０３〜69）ドイツの哲学者、社会学者、作曲家。

第5章

《世界の本質をつかむ》ためのテーゼ

大学は何かにおびえている

いよいよ『「抽象化する力」の講義』の最終章です。

最近大学への批判は強まっています。まあ、やっているほうは、大学を改革してよくしようと思っているのでしょう。日比嘉高『いま大学で何が起こっているのか?』（ひつじ書房、2015年）という書物では、文部科学省（文科省）が行なおうとしている人文系学部廃止の内容が説明されています。

これまで私が語ってきたことの多くは、人文系と社会科学系の学問の方法論ですから、廃止とはけしからん。

何事もグローバル化が叫ばれる時代、今、大学に求められるのはグローバル化でしょう。最近の目玉は、世界に通用する日本のトップ校を選ぶというのがあります。第1グループと第2グループがあって、第1グループは結果的には旧帝国大学、早慶が選ばれています。十分検討した結果ということですが、ほとんど同義反復、それ以外が選ばれる可能性など最初からないのでしょう。

世界には大学ランキングというものがあって、日本の「○○大学は何位だ云々」と繰り返し言われています。根拠があるかどうかは別として、私たち大学人は、内心これにおびえているわけです。おびえているのはトップの大学だろうと思うかもしれませんが、トップがおびえればみんなおびえるのです。「一犬形に吠え、百犬声に吠ゆ」とすれば、日本人の多くは「犬の声に吠える」のです。実態など何も知らない。トップの大学は、たぶん実態がわかっているのでしょう。その他の多くの大学は、何も知らないでただ吠えている。それはすごいものです！「わんわんわんわん！」。犬小屋みたいなものです。吠えまくっています。そこへ、神（お上）である文科省がやってきて、こうすべきだと命令する。

何でこんな話をしているのか？　私たちの知の世界、とりわけ私のような人文・社会科学系の人間は、文科省からすれば、ハッキリ言って〝ただ飯〟を食わせているようなものです。もっともらしいことは言うが、金にはならない。そういう人間が、10万人も20万人も雇われている。こういう輩に対して、文科省は効率よく仕事をして欲しいと思っている。寝っ転がって、「本質をつかむにはどうすべきか」などと言っていると、「納税者のみなさんに効率よくサービスを提供せよ」と批判される。

日本の大学が一番恐れているのは、おそらくアメリカの大学ではありません。韓国や中国、その他の発展途上国の大学が日本に迫っている、いや追い越していることを気にしている。それを見ながらおびえ、吠えているわけです。それこそ、まさに本章の問題です。

どうして私たちは、このようなわけのわからないことに巻き込まれて迷走するのか？　これが本章の最初のテーマです。

人間はしばしば動揺する

どうして私たちは、こんなわけのわからないことに巻き込まれて迷走しているのか？

まず、スピノザの『神学政治論』（１６７０年）の冒頭に出てくる言葉を引用してみましょう。

「人間の心というものは、平素は実に自信たっぷりで、誇らしげで、尊大であるのに、一たび疑惑のとりことなるや、わずかな衝撃によってもこっちに動かされ、あっちに動かされし、この動揺は、心が希望と恐怖の間にたゆたう場合にますます甚だしくなるのである」◆170

ここでスピノザは何を言っているのか？　人間というものは、概ね平素はいい人なのです。ところが、一度疑惑に囚われると突然狂ったようになる。だからこそ人間なのですが、こうなると理性がなくなって何をやっているかわからなくなる。スピノザは、人間は神様の話になるとどうして迷信深くなってしまうのかについて書いたのですが、ちょうどこれが今の大学をめぐる状態とよく似ているのです。大学の先生方はたくさん勉強をしているので、どう見たってきわめて学識があり、理性的なはずなのですが、実際はそれが機能せず、動揺しているわけです。それは凄まじいものです。大学の先生ほどバカはいないということになる。それはどういうことか？　まさにこれを知ることに、本書全体の目標があるといってもいいかもしれません。

しっかりとした知を養わなければいけない。知の本質を理解させる機関である大学が、こんなふうになったら大変なことになります。何とかしなくちゃいけません。

そこで、やはり昔の人は偉いということで、何人かご登場いただきます。まず、18世紀のモーゼス・メンデルスゾーンです。彼の話を聞くと内心ほっとします。1750年代前後のレッシング[171]などとともに、あの時代の啓蒙主義者のトップランナーです。

「人間を総体として見る限りにおいて、教育なるものが人間を徐々に完成へと近づけながら不断の進歩を遂げているなどと考えてはなるまい」[172]

よかった！　人間とはそんなものなのだ。人類は2000年も教育に励んできたので、さぞかし賢明になっているかと思いきや、全然！　まるでダメ！

「われわれは、そこにむしろ行きつ、戻りつの運動を目にしている。人類とは、数歩前進したと思うそばからたちまち最初の状態に戻ってしまう存在である。この世のほとんどの民族は、いく世紀ものあいだ、薄暗がりのなか、同じ文化水準をたもちながら暮らしてきた。ときおり、集合の中の一点が光輝を放ち、目もくらむような星座を形成することがあっても、それは一定の軌道をたどり、遅かれ早かれもとの状態に引き戻されるのだ。――あらゆる時代を通じて、人間は道徳的見地からして同じ水準に位置している。宗教と反宗教、徳と悪徳、悦楽と不幸をめぐってつねに同じ尺度をたもっている」[173]

◆160　スピノザ『神学政治論』畠中尚志訳、岩波文庫、1944年、上巻39ページ
◆161　**レッシング**　ゴットホルト・エフライム・レッシング（1729～81）ドイツ啓蒙主義の代表的な詩人、劇作家。代表作はギリシャ美術評論の『ラオコオン』『賢人ナータン』（ともに岩波文庫）など。
◆162　レオン・ポリアコフ『反ユダヤ主義の歴史』第3巻、菅野賢治訳、筑摩書房、2005年、240ページ
◆173　前掲書、240ページ

ほっとしますね。勉強のできるヤツとか少々偉いヤツがいたとしても、大したことはない。知恵にあふれた人間なんて、いやしない。もっとも、これではいけないのですが……。

私たちが2年ほど前（2015年6～7月）に話題にしていたのが、ギリシャの債務問題でした。ギリシャといえば、2500年ほど前、光輝を放っていました。ソクラテス、プラトンやアリストテレスなど、あの時代には世界中に影響を与える人物がたくさん出て、素晴らしい文化を誇っていたのです。そのギリシャについて、今、われわれは何と言っているのか？　文化レベルが低い、民度が低いと決めつけている。とにかく、国民が遊んでばかりだからお金が溜まらず、借金ばかりしている。ドイツはギリシャを「EUのお荷物だ」と言っている。そう言うドイツは、2500年前はどうだったんだ？

こういうことを考えると、人間とは不思議な動物です。もちろん、かつてのギリシャが永遠に続いていくなんてことはありえません。ただ、あれほど栄え、あれほど優れた文化を誇ったギリシャが、あっと言う間に消える。諸行無常です。そういう世界があって、そして文化が進んだと思ったら、また元に戻る。メンデルスゾーンはユダヤ人ですから、自らの民族が受けた弾圧の繰り返しを思い返していたのでしょう。

大学は自由たれ

今、大学で起こっていることに関していえば、記憶のいい人なら、すでに90年代にこんな話をしていたことを覚えているはずです。ちょうど私がまだ助教授だった頃の話で、この波に巻き込まれた経験があります。すなわち「大学の大綱化」です。それまで大学の制度やカリキュラムは、文部省（現・文科省）が厳しく規制してきた。しかし、明日からは自分で勝手にしっかりやりなさいという通達が大学の大綱化です。「自分でやりなさい」といっても、大学に自由があると思ったら大間違いです。取りあえず、どんな大学をつくるのも自由。不動産学部をつくるのも、観光学部をつくるのも自由。それから、一般教育などのカリキュラムも全部自由ということになっています。

それなら、いろんな学問が自由にやれるのかといったら、そうではない。立派な学者がいて、学部としてしっかりとした歴史があるのならば、それも可能でしょうが、もともと何もないわけですから、ひたすら手抜きの学部ができる。たとえば、一般教養は36単位という規定があり、1年次で英語は6単位でしたが、これが一気になくなりました。また、体育はカリキュラムから消えて、体育の先生もいなくなった。学生は大喜びです。もうトレパンはいて「イチ、ニ、サン、シ」とラジオ体操なんてやらなくてもよい。楽ですよ。昔は「2年間も体育をやるの？」と文句タラタラでした。体育は1年間で1単位です。ところが講義の場合、寝ていても、出席しなくても、試験に通りさえすれば1年間で4単位。これはどういうこと？

これには理由はあります。体育は予習、復習をしなくてもその場でできる。バレーボールを前の日から予習する者がいるでしょうか？ まあ、予習しておかないとケガをするかもしれません。授業が終わった後、バレーボールの復習をしよう。帰って一所懸命、今日習ったレシーブとトスを復習する。そんなことをやるわけないでしょう！

ところが、講義は予習、復習をしないとわからない。講義の前に1週間かけて本を読む。終わったら、また1週間で復習と次の予習をする。そうしないと授業についていけない。明治の人はこれをやっていたのですね。偉いなあ。

今はまったく逆ですね。先生が講義のために予習します。そして、先生が復習する。先生が4単位をもらいたいくらい。もちろん、単位をもらうのは学生です。お前ら寝ていただけじゃないか！　いや、最近は寝ているどころじゃなくて、スマホでゲームをやっています。君たちはすごいなあ。一度に二つのことができるのか？　講義を聴きながらスマホもできる天才ばかりなのです。先生は一所懸命に予習、復習。これは不思議なのですが……。

今や第二外国語も要らない。私たちの時代は、第二外国語はだいたいフランス語かドイツ語だった。他に中国語、韓国語、ロシア語、スペイン語など。そうじゃなくて、今は第二外国語を取らなくてもよい。「取らなくてもよい」とは言っていませんが、第一外国語の英語を第二外国語と見なしてもよいとなっているのです。それに学生は乗りますよね。そうなると、フランス語やドイツ語の先生が大学から消えます。体育の先生もいなくなって、経営的にはすっきりしました。

なぜ、こういう事態に至ったのか？　よく考えてみれば大学の側に、何のためにフランス語をやるのかを、きちんと答えられる先生がいなくなったということですね。英語を第二外国語といったって、第一が英語なのだから、第二も英語なんて、論理的に成り立たないだろう。とはいいえ、それはあくまで方便というもの。

しかし、問題は、どうしてかつて第二外国語があったのかということです。

第一外国語だけでは、外国に関して偏った見方になりますよね。これを変えるために第二外国語がある。第三も第四も、というのは無理ですから、一つだけでも英語以外の言語を履修することによって、第一外国語自体を客観的に見るということなのです。だから、第二が英語であってはいけないのです。でもこんなことは、無知な大学の先生に言っても仕方ない……？

福澤諭吉の奮闘

なぜ無知なのかというと、明治の偉人たちの話に耳を傾けないからです。

ここで、明治の偉人たちの意見を聞いてみましょう。私の先生の先生の先生である福澤諭吉です。どうして3回も先生と言うか？ 私の先生は遊部《あそべ》久蔵《きゅうぞう》◆[174]で、遊部先生の先生は高橋誠一郎◆[175]で、高橋先生の先生が福澤諭吉です。1万円札が後ろにいるわけですから、私も偉いのです。なめちゃいけません。たかが1万円ですけれど、やっぱり福澤先生は偉い。福澤先生の学校で

◆174 **遊部久蔵**（1914〜77）経済学者。
◆175 **高橋誠一郎**（1884〜1982）経済学者。

学んだことを、私はいつも誇りに感じています。

私が卒業した頃の慶應義塾大学では、『学問のすすめ』（1872〜80年）の現代語版を卒業生にプレゼントしていました。どうして入学式でくれないの？　どうせ勉強しないだろうから？　読んでみると、これがなかなかいいことが書いてある。

当時、文部省が生まれ、帝国大学ができましたが、そのままでは学問は国の言いなりになる。私立の大学が必要であるが、わかってもらえない。そこで、福澤は当然、苦労したわけですね。当初、文部省は私学を認めず、ようやく認めたのは大正7年で西暦は1918年。この年号と西暦はすぐに出てきます。なぜなら私の父が大正9年生まれで、西暦は1920年と覚えているからです。そこから2年を引けばよい。何と！　つい最近のことじゃないか！　明治維新からすでに約50年経っています。帝国大学令が出て、「帝国大学とは国家須要《すよう》の人物を育てることにある」と宣言した。ハッキリ言って特権大学だった。帝大（現在の東京大）を出ると司法試験を免除されて、自動的に弁護士資格をえられ、自動的に大蔵省に就職できた。無試験だった。その他の学校の者は試験を受けるべし、だったのです。

こういう制度の原型となったのはフランスの「グランゼコール」で、これはナポレオンがつくりました。和訳すると「職業専門学校」ですが、垢抜けないので「グランゼコール」とそのまま呼んでいます。これは要するに、役人養成学校です。「ビジネススクール」というのは通産省の管轄で、本来の大学ではない。それぞれの役所が持っている学校をグランゼコールと呼ぶのです。明治時代にフランスに留学した人が、グランゼコールの制度を持って帰りました。最初の北海道農学校は農務省のグランゼコール。そして東京工業大学、昔の蔵前工業は工部省の学校でした。東京大学は文部省の学校です。

このように省ごとに管轄が分かれていたのですが、人間とは、猜疑心があると他の学校の存在を許せない。文部省が、全部一括して学校を統括する制度に変わった。北海道農学校も蔵前工業もすべて文部省の中に入った。そして、すべてが縦一列に並び、東大が一番となる。

それはともかく、当時、慶應も含めて私学はなかなか厳しい環境にありました。文部省が学問を決定することに対して、当時の学士会員の年報では、こう述べられています。

「政府ニ文部アリテ、学政綜理ノ権ヲ有スト雖《いえども》、一般ノ開明ニ関渉スル教育ノ事業ヲ挙テ、到底数箇吏人ノ専断ニ任スルハ、其当ヲ得タルモノト云フ可《べ》カラズ。宜シク衆智ヲ尽シ、其公論ノ帰スル所ニ拠《より》テ、以テ方向ヲ定メザル可ラズ」◆176

これは、文部省の「学問はこういうものである」という発表があって、これが正しいとか言われても、そんなことに本来、学問の意味などない、と言っているのです。

とはいえ、日本ではいろんな学会があって、国家の後光が差している。すなわち、国家の権威を笠に着る人たちがいて、「俺の学問は正しい。なぜなら文部省のお墨付きだから」と考え

◆176 『文部省第三年報』『日本近代思想体系10　学問と知識人』岩波書店、1988年、110～111ページ

る人が多かった。しかし、それだからこそ学問はダメになる。福澤は文部省から離れて学会をつくり、学会の中心に日本学士院の前身を設立した。しかし、福澤の志は忘れられ、現在の学士院は完全に日本国家の〝犬〟になってしまった感もありますが……。

今日、日本学士院に入るということは、どういうことか？ 今は統計で説明できます。学士院賞というのは、だいたい東大と京大が受賞しています。その両大学に候補がいなかったら、あるいは嫌なヤツばっかりだったら、第三の一橋大とか名古屋大とかに授与されます。それ以外はまれで、たまに、慶應、早稲田あたりの先生がもらう。それ以外はもっとまれで、学士院賞受賞者は天皇の前に行ける。そういうことです。

こんなことで学問が決まってしまう。皆さん気をつけてくださいね。私は三流の教授である自分を正当化しているのではありません。私がたとえ神として、この国に降りて来たとしても、これはヤバいと思うでしょう。国立大学の学説がつねに正しいなんてことはありえないのです。

福澤は「時事新報」にこう書いています。

「官民ノ間ハ親密ヲ貴ブト云ウト雖《いえ》ドモ、此《この》親密トハ無形ノ情ニ関スル文字ニシテ、有形ノ事ニ及ボス可《べか》ラズ。政府ト人民トノ間ハ其《その》情ヨリ親シクシテ密ナル可《べ》シト雖ドモ、有形ノ事物ニ就《つい》テハ其間ハ勉メテ疎縁ナルヲ貴シトス。公平ハ疎縁ノ間ニ生ジテ親愛ハ不公平ノ母ナリト云フモ可《か》ナリ。故ニ政府ノ保護ハ固《もと》ヨリ間接ニシテ其間ノ愈《いよいよ》遠クシテ愈《いよいよ》公平ナル可キノ理由以《もっ》テ知ル可シ」◆177

私が翻訳する上で細心の注意をはらうのは、「政府」と「国家」の区別です。日本人はこれをよく混同しています。本来、「国」であるべきところを、「政府」と訳しているケースも頻繁に見かけます。たとえば、日常の会話でも「国有地は政府のものだから」などと言っている。間違いです。国有地は政府の土地なんかではなく、皆さんのものですよ。国債？ これまた皆さんのものであって、政府じゃない。国民から委任されて動かしているのは政府ですが、いつの間にか「政府がああ言った、こう言った」ということが絶対視されている。これはウソです。国家、もっといえばサブジェクト、私たち国民が主体です。

国家には二つあります。「政府」を構成する政治家や役人たち、彼らも本来は市民ではありますが、彼らと、そうではない人たちがいる。そこには明確な違いがある。

右の福澤の文章の冒頭に「親密」とあります。親しきものというか、官・民は一体のように見えるがやはり違う、と福澤は指摘しているのです。たとえば、学校だとか何か形あるものをつくりたいということであっても、そこが自分の土地であれば、勝手に国有地にされては困ります。「自衛隊の戦車が通るから没収？ 自衛隊なんか知ったことか！」となりますよね。国家と私は直接には関係がない。国家緊急？ そんなことは関係ない。「それをエゴイストと言うんだ」と言われても、それで何がいけないのか？ 福澤はそれくらいになれと言っています。

◆177 『日本近代思想体系10 学問と知識人』岩波書店、1988年、57ページ

それほど、私学は大変だったということです。

学問は政府が決めるものではない

ジャーナリストが、政府の言うことをそのまま垂れ流しているが、それではダメだということで、福澤は「時事新報」を立ち上げました。福澤はいろんなものをつくっていて、その一つが「時事新報」ですが、この新聞の素晴らしさは論説にあります。福澤の書いた文章が掲載されると、いつも論争が巻き起こる。それこそがジャーナリズムの本義である。それに成功したと言えます。こうした福澤の発想や志を、今の文科省官僚がどこまでわかっているのかは、はなはだ疑問です。

そもそも学問なんて、国家がやるものではない。ドイツでも、フランスでも、大学は国営じゃないかと言いますが、これはまったく違います。歴史が違う。もともとフランスでも、ドイツでも大学は私立でした。それを国家が吸収して国立大学になります。たとえば、フランスの国立大学では、大学で働いている人たちは基本的に国家公務員であって、授業料は無料、すべての学生に門戸が開かれているということです。もちろん、入学試験があって、パスするのは簡単ではありませんが、貧乏人であろうと、親がいなかろうと、授業料はタダであって、誰もが享受できる。外国人もタダです。そうするために国立に改組されたのです。学問が何であるかを、時の政府が手前勝手に決めるために国立になったのではありません。

しかるに翻って、われわれの帝国大学令を見ると、国家公務員をつくるための大学であった。そして、国家公務員になるために勉強する。学者なんかに誰もなろうとしない。なぜ、学者になろうとしないかというと、そんなことをやったら儲からないだろうということです。

学問は深遠なもの、簡単に成果は出ない

そこで『学問のすすめ』です。とても長くなるのですが、内容が濃いので、引用します。原文ですが、福澤がいかに名文家であるかわかるので、我慢して読んでください。

「東大を出た者はどうして官僚になるのか？　みんな官僚になりたがるのは日本という国家にとってマイナスなんじゃないか」というのが、ここでのポイントです。

「近来この流《りゅう》の人ようやく世間に増加し、あるいは横文《おうぶん》を講じあるいは訳書を読み、もっぱら力を尽くすに似たりといえども、学者あるいは字を読みて義を解さざるか、あるいは義を解してこれを事実に施《ほどこ》すの誠意なきか、その所業につきわが輩の疑いを存するもの少なからず。その疑いを存するとは、この学者士君子、みな官あるを知りて私あるを知らず、政府の上に立つの術を知りて、政府の下に居るの道を知らざるの一事なり。畢竟《ひっきょう》、漢学者流の悪習を免れざるものにて、あたかも漢を体にして洋を衣にするがごとし。

　試みにその実証を挙げて言わん。方今《ほうこん》世の洋学者流はおおむねみな官途につき、私に事をなす者はわずかに指を屈するに足らず。けだしその官にあるはただ利これ貪るのためのみに

あらず、生来の教育に先入してひたすら政府に眼を着し、政府にあらざればけっして事をなすべからざるものと思い、これに依頼して宿昔《しゅくせき》青雲の志を遂げんと欲するのみ。あるいは世に名望ある大家先生といえども、この範囲を脱するを得ず。その所業あるいは賤しむべきに似たるも、その意は深く咎むるに足らず、けだし意の悪しきにあらず、ただ世間の気風に酔いてみずから知らざるなり。名望を得たる士君子にしてかくのごとし。天下の人豈《あに》その風に倣わざるを得んや。

青年の書生わずかに数巻の書を読めばすなわち官途に志し、有志の町人わずかに数百の元金あればすなわち官の名を仮りて商売を行なわんとし、学校も官許なり、説教も官許なり、牧牛も官許、養蚕も官許、およそ民間の事業、十に七、八は官の関せざるものなし。これをもって世の人心ますますその風に靡《なび》き、官を慕い官を頼み、官を恐れ官に諂《へつら》い、毫《ごう》も独立の丹心《たんしん》を発露する者なくして、その醜体見るに忍びざることなり。譬《たと》えば方今出版の新聞紙および諸方の上書建白の類もその一例なり。出版の条令はなはだしく厳なるにあらざれども、新聞紙の面を見れば政府の忌諱《きい》に触るることは絶えて載せざるのみならず、官に一毫《いちごう》の美事あればみだりにこれを称誉してその実に過ぎ、あたかも娼妓の客に媚びるがごとし。またかの上書建白を見ればその文つねに卑劣を極め、みだりに政府を尊崇すること鬼神のごとく、みずから賤しんずること罪人のごとくし、同等の人間世界にあるべからざる虚文を用い、恬《てん》として恥ずる者なし。この文を読みてその人を想えば、ただ狂人をもって評すべきのみ。しかるに今この新聞紙を出版し、あるいは政府に建白する者は、おおむねみな世の洋学者流にて、その私について見れば必ずしも娼妓にあらず、また狂人にもあらず。

しかるにその不誠不実、かくのごときのはなはだしきに至る所以《ゆえん》は、いまだ世間に民権を首唱する実例なきをもって、ただかの卑屈の気風に制せられその気風に雷同して、国民の本色を見《あら》わし得ざるなり。これを概すれば日本にはただ政府ありていまだ国民あらずと言うも可《か》なり。ゆえにいわく、人民の気風を一洗して世の文明を進むるには、今の洋学者流にもまた依頼すべからざるなり」◆178

まさに力強い文章ですね。当時の学者たち、学生たちは、国家に認められることを目標としていた。風見鶏のように国家の威光を借りようと努力した。富国強兵の時代、遅れた国を先進国にせんと、一丸として目標に進んでいった。

しかし、福澤はそうした発想自体、学問をゆがめてしまったと言っているのです。いわば西洋で生まれた市民という意識が根づかず、国家（政府）と市民が合体してしまった。市民の目標＝国家の目標ですから、国家の言うことを聞けば自ずと市民の目標も定まる。しかし、西洋では市民社会が国家と戦って学問が生まれている。日本では、学問は国家に従属してしまった。学者も学生も国家権力になびくのは、まさにこうした状況を反映しているというわけです。

◆178 福沢諭吉『福沢諭吉作品集・44作品』（Kindle No.2130-2152）、Fukuzawa Yukichi Complete works. Kindle 版。『日本近代思想体系10 学問と知識人』岩波書店、120〜122ページ

国立大学を中心に学問が発展したことは、西欧に追いつくという点においては、それなりに意味をなしたのですが、学問に必要な「議論が生まれる風土」を形成しえなかった。結果として、国立大学を筆頭とする学問の位階制ができた。これでは、真理は国家（政府）に近いところにあり、民間にはない、ということになります。

こうした風土は、学問だけではありません。ジャーナリズムにおいても同様で、ひたすら国家（政府）の覚えがいい記事を書く、提灯記事がジャーナリズムのモットーとなった。いわば、国家と国民が体制翼賛して一心同体で、お互いの批判もなく一丸となって目標に向かうという、国家主義的世界をつくり上げていったわけです。

福澤の言わんとしていることは、何も150年前の話ではなく、今まさに現在、展開しているわれわれの世界のことです。学問やジャーナリズムが、政府や国家を批判することがなくなり、国家にへつらい、迎合し、ときには国家のために民衆を煽るという行為を行なっているとすれば、福澤のこの文章の持つ意味は、今でも大きいと言わざるをえません。学問の自由と独立とは、まさにこのことだということを、肝に銘じるべきでしょう。そして《世界の本質をつかむ》ことも、この気概なくして不可能だということです。

大学の教師となることとは

多くの人たちは学校を出るとそのまま役人になり、役人がそのまま大学の先生になってきた。

大学というのは役人がやる。国立大学の先生は今も役人です。ハッキリ言って、現在進行中の大学改革も、文科省官僚の定年後の就職活動をやりやすくするためです。先生も、それを「よし」とするのです。私は大学の世界で育った人間で、そこから出たことはありませんが、ちょうど「大綱化」の頃、銀行員が大学の先生になったことがありました。一般企業から教員を採用せよとの方針で、一時期、たくさん入ってきた。それも、今では減っています。それは、われわれ大学人に筋の通った理屈があったわけではなく、文科省が見に来ないから、もういいだろうということだったのです。

それはともあれ、銀行員の先生を入れて、大学に何かメリットがあったのか？　学者の側も同様です。大学を出て、国立の場合は国家公務員・役人になって、経済学の先生になる。彼らは、経済学を合理的な数学のような形で勉強するのは好きだし、長けているかもしれない。

しかし、学問に携わる者、学者になる人間は、こんな人間であってはいけないのです。学者になる人間のキモは、とにかく常識にイチャモンをつけること！　何事かがあったときに、「何でこうなの？」と言えない人間は、たとえどういう学校を出ようと、どんなに勉強していようと無理です。学者に関しては、私はこれだけを見ます。このキモのある人間以外はダメです。国家公務員流では、「理論通りになっていないじゃないか！」と言うのがオチです。これに対して、「その理論とは、いったい誰がつくっているんだ？」。こういう問いを持つ者を学者と呼ぶのです。福澤は、まさにそういうことを言わんとしているのです。

その後、福澤の慶應大学はなかなか認められない。ハーバード大学なんかとも結びついていくのですが、苦労を強いられます。森鴎外など、いい先生を連れて来るといった努力をしていても、国が認めない。『学問のすすめ』が出た後、福澤は加藤弘之◆179などを徹底的に批判します。加藤は、官僚の養成と学問との関係は悪くはないと主張していたのです。

あれから100年以上経ちますが、福澤の言っていることは正しい。

学者とはどうあるべきなのか？　現在、教育改革等々で揉めていますが、この言葉に尽きる。いったい学者やジャーナリストは何のために存在するのか？　それは「雁奴《がんど》」たるべしということです。

雁奴となれ！――ジャーナリスト、学者の役割

神奈川大学の大先輩に大熊信行◆180という学者がいます。大熊信行には、戦前、海軍の昭和研究会にいて、戦争に加担したじゃないか、戦後も公職追放を受けただろう、などという批判がありました。また、後のマルクス経済学者、マルクス主義者からすると、「大熊なんか」と思う人もいるかもしれない。

しかし、私はそうは思っていません。大熊には、本当のことを見抜く力があります。大熊が昔に書いたマルクスの研究論文は、素晴らしいものです。それは大熊が学者としての勘所、才能を持っていたということです。学問をやるというのは、100年あれば偉大な業績を築ける

というものではなくて、勘こそが大切なのです。私のいた神奈川大学短期大学部の先輩の網野善彦氏もそうでした。

もちろん、勘だけではダメで、それをどう理論や実証で補強するかが重要ですが、まず勘の悪い人はまったくダメです。大熊は70年くらい前に、ジャーナリストのあり方として大切なのは「雁奴であること」と書いています。雁奴は中国の漢文から取っています。

雁（「がん」あるいは「かり」）という鳥は群れで活動していますが、その中に必ず一、二羽、群れから離れていて、シカトされているような個体がいるわけです。それを「あいつはシカトされている外れ者だ」と思ってはいけません。

昼間はみんな目を覚まして餌を食べています。夜は獣が襲ってくるかもしれないから危ない。あるいは昼間でも猟師がやって来て、鉄砲を撃つかもしれない。しかし、みんな夢中で餌にパクついています。その群れの中にたった一羽、離れていた雁が「危ないよ！」と警告を発します。みんなを助けるために彼（彼女）はいるわけです。

これは三年寝太郎の話です。ご存じの通り、中学や高校の演劇で取り上げられる演目です。三年寝太郎という、全然勉強もしない、どうしようもないヤツがいる。彼のような人間が、実はみんなを救ってくれるのです。

◆179 **加藤弘之**（1836〜1916）政治学者。東京帝国大学第二代総長などを歴任。

◆180 **大熊信行**（1893〜1977）経済学者。神奈川大学教授などを歴任。著書『マルクスのロビンソン物語』（論創社）など。

昔の炭鉱には、そういう存在がいました。炭鉱では、多くの坑夫が一所懸命に掘っています。その中でたった一人、何もやっていないヤツがいる。あいつは何で働かないんだ？　そいつは何のためにいるのか？

炭鉱には時々、ガスが蔓延してきます。しかし、みんなは一所懸命働いていますから、ガスに気づきません。そこで「ヤバいぞ！　みんな逃げろ！」「今日は早く切り上げたほうがいい」ということを口にする役割を担っているのですね。学校にも、それに似たような人間がいますよね。引きこもり、勉強ができない、何か浮いているヤツ。そういう人間は非常に重要なのです。こういう人間が、教師や秀才君が「こうだ」と言ったことに対して、「それは間違っているぜ！」と誤りを指摘するわけです。これこそが学者の卵なのです。こういう人間をこそ探せ。ウォーリーを探せ！　しかし、みんな逆のことをやっていませんか？

さすが、福澤諭吉はすごい。慶應義塾は創立当初、世間で言ういい学生はあまり来なかったようです。しかし、いいヤツ、才能のあるヤツが来ました。それはどういう人間かというと、ちょっと端のほうにいて、「変なヤツだな」という感じのヤツです。しかし、大人になって豹変するわけですね。まさにこれこそが「学者は雁奴（奴雁）たるべし」ということの意味です。

その原文を引用します。

「語ニ云ク、学者ハ国ノ奴雁ナリト。奴雁トハ、群雁野ニ在《あり》テ餌ヲ啄《ついば》ムトキ、其内ニ必ズ一羽ハ首ヲ掲ゲテ四方ノ様子ヲ窺ヒ、不意ノ難ニ番ヲスル者アリ、之ヲ奴雁ト云フ。学者モ亦《また》ノ斯《かく》ノ如シ。天下ノ人、夢中ニナリテ、時勢ト共ニ変遷スル其中に、独リ前後ヲ顧ミ、今《こん》世《せ》ノ有様ニ注意シテ、以《もっ》テ後日ノ得失ヲ論ズルモノナリ。故ニ学者ノ議論ハ現在其時ニ当テハ功用少ナク、多クハ後日ノ利害ニ関《かかわ》ルモノナリ」◆181

役に立たない学問なんてない

このように考えるならば、役に立たない学問なんて、この世にはないのです。

功利主義者ベンサム◆182の昔の逸話があります。

ベンサムの話を聞いたある人が、こう言います。「イギリスにおいて、悪人を追放するにはどうしたらよいか？」。そこで提案がなされます。イギリスにたくさん悪人がいるのは、悪を為すという才能を持った人間がたくさんいるということだ。「そいつらを全員処刑せよ」。それで処刑します。そうすると、また次の悪人が出てくる。そいつらも処刑すると、また次の悪人が出てくる。次も、そのまた次も……。そうすると全員死んでしまって、誰もいなくなる。

悪とか善は相対的な問題であるということです。ですから、学問もそうなのです。ノーベル賞の輝かしい業績がありますが、その裏には無限の様々なものが支えていて、それらがあるか

◆181『民間雑誌』『日本近代思想体系10　学問と知識人』岩波書店、１９８８年、１３３ページ
◆182 **ベンサム**　ジェレミー・ベンサム（１７４８〜１８３２）「最大多数の最大幸福」を唱え、功利主義の祖と言われるイギリスの哲学者、経済学者、法律学者。マルクスは「自由、平等、所有、そしてベンサム」（『資本論』）と揶揄した。

ら成り立っている。大学は「ユニバーシティ」と言いますね。「バース」、すなわち「異なるもの」。異なるものを何となく「統一」(ユニ)している。それがユニバーシティなのです。そうであるためには、変なヤツがいていいのです。いやむしろ、変なヤツを許容する必要がある。そんなことを考えると、文科省の官僚ごときが「大学とは何か」などと言うべきではない。世の学長たちはどうか?「学は学たるべし」(ソクラテス)です。東大の南原繁総長が引用した言葉として有名です。どんな大学であろうと学長は学長たるべし。

私たち人間は、地球上に住みながら、宇宙にも生きている。もっと普遍的にものを見ることもできるはずだ。邪念を捨て、すっきりした心になれば何かが見えてくる。

そこで、ここまでの話を五つの《世界の本質をつかむためのテーゼ》としてまとめます。

テーゼ1

対象はそれ自身としては認識することはできない。対象をいかに抽象化するか、そこにすべてがある。プラトンの方法を学べ。人間には全体を見通すヌース(知性)がある。アリストテレスに学べ。質量因、形相因、目的因、作用因のいずれかでないものはない。スピノザの顰《ひそみ》に倣いて、「永遠の相」でこの世界を見る。

マルクスは『資本論』を書いているときに、「私もスピノザのように世界を〝永遠の相〟で見たい」[183]と言っています。スピノザという人間を振り返ってみると、本当にあの短い人生の間にもかかわらず、いったいこの人は何者なのだ、神が人間になったのではないか、とさえ思われます。

「永遠の相」で見るとは？

人間一個の短い人生の中でしか、人間は世界を見られません。たとえば、たまたま今日一日が暑いと、温暖化はますます深刻化していると考えがちである。もう地球は終わりなのか？　そんなわけがありません。十何年前にもこういうことはあったし、この30年にはそういう日は幾度もあった。心配はないのです。そのとき、そのときで慌てていたら、人間は大変です。それもある意味、仕方がないのは、人間は個々それぞれが身体を持っているからです。しかし、それを含めて「永遠の相」で世界を見る、その見方を教えてくれるのが古典的書物なのです。

プラトンは、水だとか火だとか、見たらすぐにそれとわかるものを《世界の本質》だと考えていた、それ以前の哲学者を批判しました。見えないもの、知性こそこの世界の本質である、と。知性は見せられません。見てもわからないものこそ真実に近い。

アリストテレスは、「質量因、形相因《けいそう》、目的因、作用因に当てはまらないものはこの世界に

◆183　マルクスのアドルフ・クルス宛の手紙、1852年7月30日、『マルクス＝エンゲルス全集』28巻、437ページ

はない。これに当てはまらないものがあれば見せてみろ」と言いました。
水――水は熱すると気体になる。質量自体は変わらない。形相が変わっているだけだ。社会の動きも目的因と作用因の二つしかない。これで全部説明できる。このように、世界を抽象化して説明する。しかし、これだけではしょうがない、と焦らないでください。

そこで、私たちは現代の問題を考えていきましょう

たとえばウクライナ問題とか、中東の問題。今、一番難しいのは、いろんな問題をつなぎ合わせても、一本の筋が見えてこないということです。

経済問題で考えてみたらどうか？　石油やガスの問題がある。これを世界中が争って戦っている。しかし、それにしても、地図上で敵と味方がうまく色分けできない。では、宗教か？　イスラム教、キリスト教、それらの大宗教の中にも様々な分派があって非常に複雑だ。とはいえ、これでもうまくつながりはしない。どうしてシリアのアサドとイランの仲がいいのか？　トルコとイスラムはどういう関係にある？　これは相当に複雑な説明が必要になります。

もう一つは地政学です。トルコは三大陸の交差路に立地します。これは本当に不幸です。ウクライナ、アフガニスタンなどはシルクロードの街道沿いです。ここはどうしても戦いの場になります。しかし、これまた、これだけでは問題は解けないのです。

それではもう一つ、歴史があります。オスマントルコ、あるいはそれ以前、モンゴル、十字

軍、ギリシャ・ローマの時代。しかし、これを見ていっても、一本の線が見えてこない。何か時代をつなぐ一本の線。この一本の線を見出そうとするのが、本書の目的です。この一本の線を見出すミクロヒストリーならぬ、マクロヒストリーです。

マクロヒストリーというのは、今は流行らない。1990年代以降、マクロヒストリーが崩壊した最大の理由は、マルクス主義の崩壊です。ではマルクス主義が崩壊した最大の要因は？

いつか資本主義社会が、よりよき社会に変わると思っていたら、ソビエトや東欧が崩壊するとともにその〝夢〟が潰えた。それと同時に、その夢をいまだに語ろうとする学者や学問に携わる連中は役に立たない。彼らは今や処分の対象である。「収容所送り」であると見なされた。そんな輩はもう要らない。だって、そんな時代じゃないのだから！

それは本当か？　本当にこの世界には、マクロな歴史の見方なんて必要ないのか？　マクロな歴史の見方が要らないというのなら、人類の歴史というのはいったい何なのか？　という問い掛けも生まれてきます。しかし、「マクロヒストリー不要論」もずいぶん揺らいできました。リーマンショック（2008年）のおかげです。

暴落したマルクス株を買い占める

株価にたとえて言うなら、一時期のマルクス株の株価は4、5円というところまで暴落していました。

私の若い友人に白井聡氏がいます。彼はレーニン株を買っていました。彼はこう言うのです。「的場先生がマルクスの株を買っていたように、私はレーニンの株を買い占めている」のだと。私もマルクス株をあらゆるジャンルにわたって底値で買いまくりましたが、今どき、レーニン株を買うか？　偉い！　そもそも株の発行数も少ないので、すぐに買い占められたらしい。

株式にたとえていますが、実際、マルクスは〝一大産業〟だったのです。1万人の学者がいたという。しかしレーニンともなると、さすがに学者の数は少ない。とはいえ、ロシア語研究者の中にはレーニンをやっている人もいた。

彼らはこう言うのだそうです。「白井君、ロシア語はちゃんと勉強した？　レーニンをロシア語で読めないやつはダメ！」。白井君はモスクワにいたから、ある程度は読めると思っていますが、ロシア語屋のように厳密には読めない。しかし、読めなくたっていいんだよ。ロシア語屋の人々は〝論語読み〟にすぎません。「白井君、レーニン全集の第○巻の○ページには何が書いてある？」「これに即答できないとダメだよ」。学者とは、そんなことをやる人ですか？　そんなことができても仕方がない。

白井君は偉いです。「私は日本語訳のレーニン全集でいい。版もこだわらない。読んでいて面白ければいいじゃないか！」。

こういう白井氏と二人で、それぞれがマルクスとレーニンの株価が上がらないなと思っていたら、リーマンショックが来てしまいました。その1か月後に、私たちは雑誌の『情況』誌上で対談をやりました。「2円とか5円で買った株が、みるみる高騰しているな！」と。とはいえ、また下落しましたので、ご安心を（笑）。さすがにわれわれの偉いところは、その後売らなかったことですね。売ればよかったのですが。

白井氏はその後『永続敗戦論』（太田出版、2013年。講談社＋α文庫、2016年）を書いて大ブレークするのですが、最近はもうレーニンを売ってしまったようです。売ってもいいのですが、それはともかく、また亡霊が復活したわけです。共産主義という亡霊が——。

こういう状況が生じるまで、ミクロヒストリーというものが大手を振って歩いていたのです。

そこでテーゼ2になります。

テーゼ2

何事も変転流転を繰り返す以上、それをつかむには、それを動かす原因をつかまねばならない。それが人間にとっての歴史である。総体的なものとして、歴史的な視点から対象をつかむ必要がある。マルクスの顰に倣おう。歴史を運動法則として見るのだ。

マクロヒストリーはひところコテンパンにやられました。「まだ唯物論なんて言ってるのか？」というふうに。私の先輩の一人、網野善彦先生は、昭和20年代にはマクロヒストリーをやっていた人です。当時、大学における共産党の幹部だった。網野先生は各地の大学へ行って、唯物史観の啓蒙活動をしていた。

ミクロな歴史

90年代に突然ミクロヒストリーが頭をもたげました。ミクロヒストリーとは、おじいちゃん、おばあちゃんがどう生きてきたか、その歴史を書こうということです。

私はフランスで調査をしていたとき、古文書館（アーカイブ）で、ドイツ人がフランスにどういう理由で来たのかを、各県で徹底的に調べていた。入館届に何のための研究であるかを書かされるのです。「ドイツ人の移民の研究」と書いて、入館申請を出す。それを見たフランス人は、たいてい言いますね。「何でドイツ野郎の研究なんかするんだ」と。

他の人たちがどんな理由で入館しているかというと、「家系図の研究」が多い。おじいちゃん、おばあちゃんが、古文書館で一所懸命に自分の家系の勉強をしているのです。自分の曾祖父、曾祖母がどうして死んだのか、というようなことです。どこであっても、医療に関しては100年経たないと情報が開示されません。ある家系にどういう病歴があるかということは、公にはできなくなっています。その他、犯罪歴なんかも見られなくなっています。政治的な情報は、だいたい50年は非公開にされている。

こうしたミクロヒストリーを研究をする人が、歴史書を書くかといったら、それはほとんどありません。息子や孫に、ご先祖様の来歴を伝えるために勉強しているのであって、もちろんこれは学問ではありません。

さらにミクロヒストリーといえば、「村の歴史」「郵便屋の歴史」「ゴミ箱の歴史」などがある。こういう研究の先達として、「アナール派」の歴史学がありました。ブローデルとかピレンヌ、ブロック、フェーブルといったアナール学派の歴史家たちは、大きな歴史のうねりをミクロで説こうとした。彼らの後続世代からは、「ゴミ箱の歴史」などが出てきた。パリのゴミ箱がどのように発展し、変遷していったかの研究です。面白そうでしょう。

今ゴミ収集を仕事にしているのは、だいたいアラブ系、モロッコ人、コートジボワールの人たちです。それ以前、19世紀のパリのゴミ箱はどうなっていたのか？　知らないことだらけです。他にも「トイレの歴史」。ヨーロッパ人はいつから水洗便所を使うようになったか？　こういう研究も興味が尽きません。

特に面白かったのは、先にも出た「郵便屋の歴史」です。なぜ郵便か？　これはマルクスにも関係するのです。というのも、マルクスはエンゲルスに大量の手紙を書いている。今なら郵便は便箋に書いて、封筒に入れて、切手を貼って投函しますね。では、いつ切手は生まれたか？　1840年代、ペニー切手からといわれています。フランスでは切手は貼りません。着払いだったのです。これはまだ後のほうで、その昔は着払いも何も、郵便局に持っていくと、市場に大きなゴザを敷いて、そこに郵便物が並べてある。それでやって来た人間が、自分宛のものがあれば持ち帰るのです。家になんて届けない。住所録もありません。こういうことを知ると面白いでしょう。

エンゲルス宛のマルクスの手紙が残っている。日付は、切手は、どうなっている？　学者になろうとする人間はここで気づかなければならない。当時、切手はどうなっていたんだ？　消印とは何だ？　郵便制度とはいつできたんだ？　出してから何日で届いたんだ？　こうしたことに疑問を抱けなければダメです。

とはいえ、これらはミクロヒストリーです。こういうミクロヒストリーで、たとえばウクライナや中東問題が解けるのか？　解けませんね。

マクロな歴史

ちょうどこういう歴史の学派が出てきたときに、フランシス・フクヤマ[184]が『歴史の終わり』（1992年、三笠書房）という本を出しました。これはベストセラーになって、世界中で話題になりました。「歴史の終わり」とは一言で言うとこうです。「ヘーゲルは正しかった。マルクスは間違っていた」。これが売れたポイントです。何せこの頃にソビエトが崩壊したわけですから。なぜヘーゲルが正しかったのか？　ヘーゲルにかこつけてフクヤマはこう言った。

「人間の世界はやがて理性の世界になる。理性の世界とは資本主義であり、資本主義こそ民主主義と人権のすべてであり、そして資本主義の時代が歴史の終焉だったのである」。だから「社会主義は徒花であり、社会主義などが存在したことは人類史にとってのマイナスでしかない。

よって、これで歴史は終わった。みなさんこの地上の楽園、資本主義にようこそ！」。

これは売れるでしょう。涙、涙です。でも、そのわずか数年後、こういう思想があっと言う間に無効になりました。サミュエル・ハンチントン◆185が『文明の衝突』（1996年）という本を書いた。「歴史の終わり？　そんなわけないだろう！」ということです。戦争止まるところを知らず。東西冷戦の終結で戦争は終わる？　これからは資本主義が独り勝ちの世界？　すべてはまったくの間違いでした。資本主義は邪悪の世界ですから、抵抗する者が必ずいる。

資本主義というのは、昔はしっかり「資本主義」と呼ばれていました。今では「資本主義または民主主義」などと言う。いつから、民主主義のことを資本主義と言うのだ？　こういう言葉づかいを私は受けつけません。社会主義こそは、民主主義ですよ。こういう物言いも、20年前であればわかる人がいましたが、今ではもうダメです。

歴史の三段階という問題

私たちは歴史を段階として見る必要がある。「段階」と言ったときに、三つの段階というのが基本にある。ここで数字の話をします。3は西欧的には男性数です。数字には意味があるのです。

◆184 **フランシス・フクヤマ**（1952〜）アメリカの政治学者。ハーバード大学でハンチントンに師事する。
◆185 **サミュエル・ハンチントン**（1927〜2008）アメリカの政治学者。本書131ページ参照。

大学院の頃、兄弟子の飯田裕康先生と2人で『後期資本主義』（柘植書房、1980年）という全3巻本を翻訳しました。ドイツ語の「シュペート・キャピタリズム」が原題です。私はフランス語が第一外国語なので、日本語訳に当たって、そのフランス語版（フランス語訳ではなく）のほうを検分していたのです。著者はベルギーのトロツキスト、エルネスト・マンデル[186]です。フランスのジョスパン[187]元首相はマンデル派です。

フランス語版のタイトルは『資本主義の第三段階』となっている。「後期」と「第三段階」ではずいぶん違うように思える。「シュペート」は「後期」という意味ですから、日本語訳は「後期資本主義」としました。「晩期」としたハバーマス研究者の細谷貞雄氏の訳もありますが、内容的には「後期」が正しい。「後期」という言葉の意味に関わるのが、実はこの「3」という数字なのです。それは「第三段階」というのを見たらわかったはずなのですが、当時、私は28歳の浅学です。第一段階、第二段階、そして第三段階が資本主義であろうと思った。すると第四段階があるのかと考えた。これは違うのです。

「3」という数字は、実は「最後」を意味するのです。昨日、今日、明日というのは、それで完結していて、明後日は明日の中に入るのと同じです。未来はすべて、明日という言葉で表現されます。1、2、3とあれば、3は最終局面という意味なのです。だから、これは「最終資本主義」という意味なのです。さすが昔の先学は、キリスト教的な三位一体の3という概念も知っています。四つでもいいわけではない。三つしかないのです。

歴史を考えるとき、古代・中世・近代（現代）と区分します。紀元前2500年から紀元300年までを古代、それからの約1000年を中世、それ以降、現在を含めて近代と称します。今後5000年くらい時間が経ったら、この分け方は変わるのか？　たとえば、近代と中世の間に、何か違う区分を入れるのか？　普通そう考えてもおかしくはない。しかし、これは真っ赤な間違い！　私たちの世界は三つでできているのです。3とは最後の数字なのです。

先ほども触れたように、3は男性数でもあります。1は神です。畏れ多くも、1は絶対にして分割できないもの。心にブレがまったくない。しかも終わりがない。消えることがない。貴い1は神の数字。2は女性数でしょう。2は貴い円（1）を2つに切ったのです。心が定まらない、情熱的でフラフラするという意味です。分裂数ともいう。二項対立のゾロアスター教、マニ教の世界です。キリスト教は2を許しません。3は固定数です。3は「軽重《けいちょう》の鼎《かなえ》」ともいいます。2は立たない。3＝男性というのはフラフラしていても何とか立っている。奇数というのはいい数字だとされています。

私たちが本を書くときには、章立てを偶数にはしません。話をするときにも、「これからお話しすることには、三つのポイントがあります」と言わなければならない。四つはダメなのです。だから、三つの次は五つで、その次は七つなのです。六つ、八つではダメです。多すぎる。

◆186 **エルネスト・マンデル**（1923～95）ドイツ生まれ。第四インターナショナルの指導者。
◆187 **ジョスパン**　リオネル・ジョスパン（1937～）フランスの官僚、経済学者、政治家。

普通は三つです。3でないと落ち着かない。

歴史には大きな流れがある。そこで「テーゼ3」。これは矛盾の話です。

矛盾とは力です。私たちを動かしているのは何の力か？　社会を動かしている力、あるいはこの自然を動かしている力、それは何だ？　この力はどこから来たのかをつかむのは、なかなか難しい。現在、ノーベル賞級の研究の一つは、この力を究明することです。力の源泉たる「四つの力」が十分に説明されていない。この宇宙上にあるエネルギーを「永遠の相」で見ると四つに分かれる。それが四つの力、すなわち、重力、電磁力、弱い力（放射線で崩壊させる力）、強い力（原子核や陽子をまとめる力）です。

われわれはこの強い力によって人間のままでいられる。これがなくなると、人間の身体はバラバラに吹っ飛んでしまう。この力はどこから来たのか？　この力こそ、私たちのすべての力の根元にあるものです。

テーゼ3

社会が変化するとすれば、内的な矛盾がそこになければならない。運動するものには、必ずそれを動かす矛盾といった内的自己展開の力がある。そうでなければ、外から与えられる外的力である。内的矛盾を弁証法という。外的矛盾は、外部に内部の力を超えたものを前提にする一種の神学である。しかし、始まりの力はどこから生まれるか。「創世記」が問題になるのはこの点である。永遠の回帰か、直線上の歴史的時間か。スピノザとニーチェの顰に倣おう。

学生時代に、旅行で京都へ行き、東山の疎水沿いを散歩をしていました。有名な「哲学の道」です。そこで測量をしている人がいる。その人と喫茶店で話し込みました。その人は京都大学の大学院生で、当時の私は学部生だった。この大学院生がいろんなことを教えてくれる。

「人間とはどのように死ぬか。人間には骨格バランスと筋肉バランスと臓器のバランスがあって、このバランスがどこかで自然に自己矛盾を起こして崩壊していくんだ。それを死と呼ぶ。しかし、たいていはそうならない。そこまでいって死ぬ者はまれである。その前にゴツンと頭を打つとか、車に衝突するとか、細菌だとかウイルスだとか別の要因が外から入って来て死ぬ。しかし、本来これらは、人間の死とは関係がない外的要因にすぎない。僕の研究しているのは、内的要因で崩壊していく人間の研究なのだ」

これは半分眉唾にも思えるが、彼が何であろうと、こういう話のできる人は偉いなと思いました。よく考えてみれば、これはマルクスの矛盾の話、自然の弁証法の話に近い。この世界は外からの力、内からの力、この二つで成り立っている。外的な力、内的な力、その二つがあるとして、それではそもそも、それらの力はどこから来たのか？

内的な力

私たちのこの世界を「永遠の相」で見たら、最初に力ありきなのです。私の欲望の力、私の内的な力もすべて、最初は誰かの力なのです。嫉妬という感情があります。嫉妬とは、最初に誰かが与えた外的力です。神が最初に嫉妬という力をインプットしたのです。だから、私たちの中にも嫉妬という感情が湧き出てくるのです。ということは、神がいたのか？　だからこそ15世紀まで、『旧約聖書』の「創世記」の解釈が学問の中心であり続けたのです。

ここを乗り越えるのは一つ、こうです。一旦、外的な力が中（内的）に入ってしまうと、もはやそのことは問題にされることなく、内的力の自己運動を問題にすればよいではないかということです。

そこで登場するのがデカルトです。デカルトは、この世界の内的矛盾というものを説明するためには、自分の考える頭、頭の中の自己転換能力をすべてのスタート地点としよう、と言ったのです。これがデカルトの哲学第一原理「我思う、ゆえに我あり」です。これですっきりしました。もう神は要らない。この流れの最高点がヘーゲルです。ヘーゲルは『精神現象学』で、たんなる悟性から絶対精神に至る過程、精神の自己発展としてこの問題を描いた。

これを受けたのがマルクスです。マルクスはもう一つ、ポイントを挙げています。物的運動として、精神の力ではない方向へこれ（精神の自己発展）を持っていく。私たちの悩み、苦しみ、情念という運動、私たちが生きたいという願望の中にある物的エネルギー、それも全部含めて、問題にしなければならない。精神だけなら「空」の世界で自己展開していく。しかし、私たちは自然に働きかけてモノをつくったり、山を切り開いたりしています。そのエネルギーをどこに求めるのか？　こうした物的エネルギーをどう説明するのか？　それは簡単な話ではない。

この問題は、人間の自由意思に深く関係しています。人間が自由意思を持つか否かという、中世イスラムの議論はやがて近代ヨーロッパの議論になりますが、ルター、カルヴァンも含めて、多くの哲学者が人間の自由意思を認めなかった最大の理由は、それを認めると神の存在が消えてしまうからです。人間が自己展開していく力は、神によらない私自身の力である、となってしまう。

これを問題にしたムータジラ派が力を持ったイスラム圏が、文明開化していく。バグダッドを中心とした世界最高の文明が発展するわけです。ここで、ほとんどのヨーロッパの学問は用意されている。ムータジラ派のような自由意思論は、やがてユダヤ教やイスラム教の自由意思論につながってゆく。この思想が16世紀にヨーロッパにやってきて、ルター派やカルヴァン派と闘います。

ここでやっと生まれるのは、私たちをつくっている力は何なのかという問いです。内的な矛盾としての運動、その内的な矛盾も最初は外から来た。外から来た力、科学も含めた力とは何

だという問いです。最初の力としてビッグバンというものがあります。これにも疑問がありま
す。これが発生したときにエネルギーは四つあった。このエネルギーをどうやって説明するか？
重力、電磁力、弱い力、強い力が、どうやって結びついているかがわかっていない。要するに、
これは〝神の力〟とも称されるものなのです。神の力、私たちが悩んだり苦しんだり、いろん
なことを考える力もここにあります。この中の力から来ている。この力をつくったのは誰か？
エンゲルスが未完の著書『自然弁証法』（１８７３〜86年、岩波文庫他）において、人間と
経済の問題に終始していたマルクスの弁証法の発想を、自然のすべての問題に適用したいと考
えたことはわからないでもない。うまくいっているとはいえませんが、ここに一つの根底があ
る。文系も理系もないんだよ、ということです。

次に第４テーゼ、レトリックの問題です。

テーゼ４

書かれているもの、話されていることにある、レトリックに注意せよ。もっともらしく見え
るものの中にある嘘を見抜き、レトリックの背後にある別の意味を理解せよ。歴史は古典の
誤読によって始まった。ミドラーシュ的解釈は、書かれたものと話されていることを結びつ
けた。想像力をたくましくし、クリティカ（批評）を超え、トピカ（真実）に迫れ。ヴィー
コの顰に倣おう。

ヴィーコはクリティカ、トピカという発想をしています。これは第1章で触れました。ヴィーコはレトリックの先生で、レトリックとは中世最高の学問でした。

しかし、もはや18世紀前半のナポリ大学では、さほど重要な地位は与えられていなかった。でも、新入生に話をするという地位はあった。現在では、レトリックの先生はほとんどいません。こんなものは学問じゃないと、隅に追いやられている。ただ、何が問題なのかというと、学問というものは、ヴィーコによるとクリティカ（批評）にすぎないということです。学問にトピカ（真実）をつかむことなどできない。「もっともらしく見えるもの」をつかんでいるにすぎない。本当のものはトピカなのです。しかし、これは神にしかつくれず、神にしかわからない。つまり、自らつくれないものは、理解できないということです。

これを理解するためには、私たちはインゲニウム（想像力）をたくましくする必要がある。そのためには、われわれは言葉という魔術を使って、その本質をつかむ力を養わなければならない。言語とは、ただあることを伝えるための記号ではない。感情や情熱は、エネルギーを伝える要素です。

これはドラマ『トリック』の世界ですね。シャーマン役の野際陽子が「文字には力があります」という台詞を繰り返す人気テレビ・ドラマです。これはその通りです。その言葉の力をどうやって理解するかを教えるのが、レトリックの先生です。書かれているものは、字義通りにあるわけではない。書かれてあるものは、読む側によっていくらでも変わる。

作品のもつ力

ここで本の歴史について、振り返ります。図書館のことをフランス、ドイツなどでは「ビブリオテーク」と呼びます。イギリスでは「ライブラリー」です。「ビブリオ」とは筒のことです。昔は、羊皮紙を丸くくるめて筒に入れたのです。それを置いていた場所がビブリオテークなのです。これはライブラリーとは違う。「ライブラリー」とは本そのものです。ところが中世になって紙が発明されて、その後、印刷技術が生まれてくると、本は今も見られるような形をとることになります。本の形になると表紙、裏表紙、背表紙などをお化粧します。出版屋は、ここにずいぶんと力を注ぐことになります。これには意味があります。本というものは作品となり、形となる。本は買ってもらえればそれでよい。読んでもらう必要はない。昔のビブリオは、読んでもらわないと意味がない。ここが違います。

最近はデジタルの時代で、アナログな本なんて要りませんよと、よく言われます。しかし、本は形だよ。人間は形だよ。人間は中身じゃないよ。マルクスが『資本論』の中でこの話をしています。普通、逆でしょう。人間は中身だよ。人間は格好じゃない、顔じゃない、と。しかし、マルクスはこれの逆を言っています。シェイクスピアも。これは反語ではない。真実なのです。本は形として信号を送っているのです。本物がどんな本であるかを見ない者には、本の内容はつかめない。『資本論』の現物には、今、私たちが読んでいる文庫版の『資本論』とは違うものがある。

これが記号だったら、どうでしょうか?「メディアティーク」。たんに情報の流通手段になっている。これには形なんてない。デジタル・メディアならでは、誰にでも書き込めるようになっている。もはや完成していない。永遠に完成することはない。こういうものを、現代の私たちはどう読んでいくか? 時代の流れなので致し方ない。ある文献、ある文字は、私たちに一つの真理を教えているのではない。真理を託しているだけであり、読む側が、その記号をどう読むかということであり、そこにはいろんな形で読み替えが可能になる。

そこでまず一つが、文字の入れ替え（シノニム）。ある単語をどんどん入れ替えていく。入れ替えることによって、そこに見えているものの外を見る。新しい世界として読み替える。

二つ目は預言的読み方。現代人は、ほとんどがこの読み方を実践しています。ある本を読むとどうなるのか。推理小説が典型的で、犯人は誰なのか? 教えて! 後ろから読もう。このような読み方をするのであれば、角川文庫、新潮文庫、岩波文庫の解説目録を読んでおけばよい。それを読んでおけば、本なんか読む必要がない。

三つ目は寓意的な読み方。同じ文章を何回も何回も、繰り返し読みながら、そのストーリー（内容）よりも、この文章は巧みだな、きれいだなと味読する。その上で、文章に隠された暗号を読む。これに必要なのが想像力《インゲニウム》です。

なるほど、本や情報の読み方はそういうことか。しかし、それを読もうとしている人間の側はどうなんだ？　実は、人間が一番よくわからない。人間はどうやったら落ち着いて、本当に本を読み、情報や物事の本質を把握できるようになるのか？　そのときの人間の努力こそが問題である。

テーゼ5

わからないのは対象だけではない。人間自身もわからない。自らの内奥にある自分以外の何かを探すべし。そうすれば、見ているものの中にある表面的なものの背後にあるものが見える。物事の本質を知るには、自ら身を清め、深層の世界に入らねばならない。そこに物的世界の背後に潜む何かが見える。ヒエロニムスの顰に倣おう。

ヒエロニムス[◆188]は3～4世紀の最初のキリスト教を確立した二人のうちの一人。もう一人はアウグスティヌスです。ヒエロニムスが翻訳した「ヴルガタ聖書」は、ラテン語訳聖書の決定版であり、1000年以上、いや今も読まれています。

ヒエロニムスは心を落ち着けることができなかった。男性ですから、女性が気になって、寝ても覚めても色魔に囚われる。それをどうやって振り払おうかと苦悩し、彼は北アフリカの砂漠に行きます。そこで聖書に没頭しようとする。それでもダメなのです。そこで、彼は聖書を並べて、自分の体の中に色魔が入って来ないように、聖書で自分を囲みます。これは『資本論』の第1巻第3章の注でも言及されています。

それでもヒエロニムスは脱却できなかった。こんなことをやっても無理だということです。でも、やがてこれは、私たちに大きな意味を持ってくるのです。人間は形であり、心が落ち着かないと、ものが読めないということ、それに没頭するための場所を選ばなければならないということです。そのために、中世の修道院や大学は、山奥の人里離れたところにある。そこで沈潜しなければならない。

その沈潜が何を生み出すかというと、人間を第一の表層から第二の表層、第三の表層へと高めていく。これは修行、瞑想、座禅です。それを行なうことによって、己の境地を高めていくしかない。それでしか真理をつかむ術はない。なぜなら、われわれの身体が、ある限定された世界に取り込まれているからです。その身体から脱することが、学ぶことの意味なのです。

しかし、それでは堂々巡りである。私たちは、映画の観客なのではない。

われわれ一人ひとりは、たとえばウクライナや中東の事件を構成している俳優の一人なのです。その中に入って演技している俳優。私たちの行動が、そうした問題や事件に反映するので

◆188 **ヒエロニムス**（347頃～420）アウグスティヌスと並んでラテン教父の一人に数えられている。

す。そこでは、自分の利益になることしかやろうとしない。最初から自分の都合だけを考えた偏見で物事を見ている。これをどうやって突破するのか？

この問題については、大学では簡単には教育できません。つまり、その人間に聴く気がなければ講義はできないということです。その人間が聴く気になるためには、修行してこないといけない――ということになる。

付録

マルクス　新訳「フォイエルバッハのテーゼ」

1．従来のすべての唯物論――フォイエルバッハも含めて――の主要な欠陥は、対象、現実性、感性がただ**対象**の形態**あるいは観照の**形態でのみ理解されていることである。けっして**人間の感性的活動**として、**実践**として理解されず、主体的にも理解されていないことである。だから、唯物論との対立における抽象的な**活動的**側面は、観念論（当然ながら、観念論は現実的、感性的活動をこうしたものと理解していないからである）から展開されている。フォイエルバッハは、（思考対象と実際に異なる対象から）感性的な活動を望んでいる。しかし、彼は人間的活動それ自身を**対象的な**活動として理解しない。だから彼は『キリスト教の本質』の中で理論的な関係だけを、真に人間的な関係だと考え、一方で実践はユダヤ的な汚い現象形態としてのみ理解され、固定されている。だから彼は「革命的」「実践的批判的」活動の意味を理解してはいない。

2．人間的思考が対象の真理に一致するかどうかという問題は、けっして理論の問題ではなく、**実践的**問題である。実践において、人間は真理、すなわち現実と力、自らの思考の現実的側面を証明しなければならない。（実践から離れた）思考の現実性あるいは非現実性についての議論は、純粋に**スコラ的**な問題である。

3．教育が変革し、環境が変化させるのだという唯物論的学説は、環境は人間によって変化し、教育者自身が教育されねばならないということを忘れている。したがってこの社会は二つの部分（一方の社会は他方の社会よりも上なのであるという）に分けねばならない。環境の変化と、人間的活動あるいは自己変化の同時性は、**革命的実践**としてのみ把握され、合理的に理解されなければならない。

4. フォイエルバッハは宗教的自己疎外という事実、宗教的で世俗的という世界の二重性から出発する。彼の仕事は、宗教的世界を世俗的基礎に解消させることにある。しかし、世俗的基礎がそれ自身で揚棄《ようき》し、雲の中で独立した王国として固定されるということが、こうした世俗的基礎の自己分裂から、自己矛盾からのみ説明されえるのである。したがって、この現世的基礎は、ひとりでにその矛盾の中で理解され、実践的に変革されねばならない。たとえば、大地の家族が聖家族の秘密として発見された後、いまでは大地の家族は理論的に、実践的に否定されねばならない。

5. フォイエルバッハは**抽象的思考**に満足せず、**観照**を欲する。しかし彼は感性を**実践的**、人間的＝感性的な活動として理解していない。

6. フォイエルバッハは宗教の本質を**人間的**本質の中に解消する。しかし人間的本質は個々人に内在する抽象ではない。人間の本質はその現実性において、社会関係の全体である。
現実の本質の批判に進まないフォイエルバッハは、したがって
①歴史的過程を無視し、宗教的信条に終始し、抽象的（**隔絶した**）人間個人を前提とせざるをえない。

②本質はただたんに「類」として、多くの個人を**自然に**結びつける内的、無言の一般性として理解されえる。

7. したがってフォイエルバッハは、「宗教的心情」自身は社会的生産物であり、彼が分析する抽象的個人は一定の社会形態に属していることを見ていない。

8. すべての社会生活は本質的に**実践的**である。理論を神秘主義にするすべての神秘は、その合理的解決を人間の実践とこうした実践の理解の中に見つける。

9. 観照的唯物論が到達する最高点は、つまり、感性を実践的活動だと理解していない唯物論の最高点は、個々人とブルジョア社会の観照である。

10. 古い唯物論の視点はブルジョア社会であり、新しい唯物論の視点は人間的社会、社会的人間である。

11. 哲学者たちは世界を様々に**解釈**しただけであり、世界を**変革する**ことが問題である。

(的場昭弘訳)

Karl Marx Friedrich Engels Gesamtausgabe (*MEGA*), Ⅳ/3, Akademie Verlag, 1998, SS19-21.

あとがき

私も数年で大学を定年という歳になりました。「光陰矢のごとし」。

しかし、つい先日まで大学生だった気がします。大学、大学院を出て、助手、助教授、教授と、まあ40年以上、学問の中で暮らしているわけですが、学問の流行や、盛衰に何度も遭遇しました。完璧に見えた学問が、あっと言う間に崩れたり、権威あると思われた人たちがすぐに忘れ去られたり、諸行無常という言葉そのものの世界を見てきました。

こうした中で、こうした流れから距離をおき、自分なりに目標としてきた勉強の仕方というものがあります。本書は、大学を去る前にその方法をさらけ出したいという気持ちで書きました。

私は「永遠の相」で物事を見てみたいというのが、憧れです。わずか数十年という与えられた人生の中では、とてもそうしたものを見ることはできないのですが、なんとか頑張って見てみたい。納得して死にたいというわけです。

そのためには、どうしたら惑わされることなく、真実と言えるようなものに到達しえるのか？その方法を伝授できると豪語することはできないのですが、こうしたらいいという方法は、ある程度知っているつもりです。世間の流行やムードに流されないためには、いろんな外国語を知るに如《し》くはないし、いろんな国を旅行するに如くはありません。さらに言えば、あらゆる学問を渉猟してみるというのもいい。しかし人生は短し、です。

語学力もなし、海外経験もない、学問もあまりないという人でも、昔の賢人の言葉に耳を傾ければ、結構真実に迫りえるということです。本質を見抜くとは、見たまま、感じたままではなく、その中にある目に見えない何かを見つけることです。これがいわば学問なのですが、実践的で実務的な勉強ばかりさせられていると、見たままが正しいと思うようになってしまいます。

見えないものを見るというのは、簡単ではない。だから、学問の道は険しいということです。でも、学問がなければ人類のこれまでの世界は実現できなかった。人類が目に見えることだけにかまけていたら、おそらく、いまだに原始時代の生活を送っていたかもしれません。

見えるものを抽象化し、それを運動法則と捉えて一般化し、なぜそうなるのかという問題に思いを馳せ、悩み苦しんだ結果が、人類の英知となっているわけです。弁証法や観念論といった哲学的議論も、そう考えると本質をつかむための重要な技術だと気づきます。そして、与えられた対象の中に潜む偏見、誤謬からどうやって抜け出るか？　権威や権力の下で生きざるをえない人間にとって、痛い部分です。つい右に倣えをしてしまう。「百万人といえどもわれ行かん」という心境になるにはどうすればいいか？

ここで自分を変えるということが重要になっています。自分が変わらねば本質をつかもうにもつかめません。精神修養に賭けた賢人たちは、このことを知っていたのです。そして、この世界の不可思議な謎を理解するために、言語を研ぎ澄まさなければならないということ。修辞学、論理学、文法論といった今ではどうでもよくなったものが、実はそのための重要な道具だということに気づくはずです。

本質を捉えることは、畢竟《ひっきょう》、どう表現するかということです。表現する手段がなければ、捉えられない。これは、言語や表現を身体の一部にすることです。

移り変わりの早い社会、翻弄されやすい社会だからこそ、しっかりとした学問を身につけることです。急がば回れ、結局無駄なことを勉強することが、最適な手段かもしれません。本書を読んで少しでも何かをつかむことができれば、筆者としてはこれ以上の幸せはありません。

２０１８年２月　マルクス生誕２００年を迎えて

著者

的場昭弘（まとば　あきひろ）
1952年宮崎市生まれ。神奈川大学教授。同大国際センター所長。慶應義塾大学大学院経済学研究科博士課程修了、経済学博士。専門は社会思想史、マルクス経済学。
著書に『超訳『資本論』』（全3巻、祥伝社新書）、『待ち望む力』（晶文社）、『一週間de資本論』（NHK出版）、『マルクスだったらこう考える』『ネオ共産主義論』（以上、光文社新書）、『マルクスに誘われて』（亜紀書房）、『マルクスを再読する』（角川ソフィア文庫）他。
訳書にマルクス『新訳 初期マルクス』『新訳 共産党宣言』（以上、作品社）、ジャック・アタリ『世界精神マルクス』（藤原書店）他。

最強《さいきょう》の思考法《しこうほう》　「抽象《ちゅうしょう》化《か》する力《ちから》」の講義《こうぎ》

2018年3月1日　初版発行

著　者　的場昭弘

発行者　吉田啓二

発行所　株式会社 日本実業出版社　東京都新宿区市谷本村町3－29 〒162－0845
大阪市北区西天満6－8－1 〒530－0047
編集部 ☎03－3268－5651
営業部 ☎03－3268－5161　振　替　00170－1－25349
http://www.njg.co.jp/

印刷／理想社　　製本／若林製本

この本の内容についてのお問合せは、書面かFAX（03－3268－0832）にてお願い致します。
落丁・乱丁本は、送料小社負担にて、お取り替え致します。

ISBN 978-4-534-05566-8　Printed in JAPAN